사진 제공
유엔세계식량계획, 국제금융공사, 그린크로스, 유엔환경계획

유·엔 글로벌 이슈 특강 2
내일을 위한 경제와 환경
ⓒ 한재윤, 이종현 2019

초판 1쇄 발행 2019년 1월 29일

지은이 한재윤 이종현
펴낸이 이상훈 | **편집인** 김수영 | **본부장** 정진항 | **기획편집** 염미희 최윤희 이정규 | **디자인** 골무
마케팅 조재성 천용호 박신영 조은별 노유리 | **경영지원** 이해돈 정혜진 이송이

펴낸곳 한겨레출판(주) www.hanibook.co.kr | **주소** 서울시 마포구 공덕동 116-25 한겨레신문사 4층
전화 02-6383-1602~3 | **팩스** 02-6383-1610 | **출판등록** 2006년 1월 4일 제313-2006-00003호

ISBN 979-11-6040-227-8 74340
     979-11-6040-220-9(세트)

• 값은 뒤표지에 있습니다.
• 이 책의 일부 또는 전부를 재사용하려면 반드시 저작권자와 한겨레출판(주) 양측의 동의를 얻어야 합니다.
• KC마크는 이 제품이 공통안전기준에 적합하였음을 의미합니다.
⚠ 책 모서리에 다치지 않게 주의하세요.

#기후변화

유엔 글로벌 이슈 특강 2

#지속가능

내일을 위한 경제와 환경

#해양오염

#생물다양성

한재윤·이종현 지음

#빈곤

한겨레아이들

| 여는 글 |

세계는 지금, 어떤 얼굴을 하고 있나요?

여러분은 세계 평화에 대해서 어떻게 생각하세요? 너무 무겁고 어려운 주제라고요? 학원 가고 숙제하느라 바빠서 그런 문제까지 생각할 여유가 없다고요? 맞아요, 하루하루가 벅차고 정신없는데, 세계 평화 같은 뜬구름 잡는 이야기가 무슨 소용이 있을까요? 그럼 다시 물어볼게요. 오늘 하루, 학원과 숙제에 파묻혀 지낸 여러분은 행복했나요?

유엔 아동 권리 협약은 '어린이와 청소년은 충분히 쉬고 뛰어놀 권리가 있다'고 분명히 밝히고 있어요. 1989년 유엔이 주도해서 만든 이 협약은 현재 전 세계 대부분의 국가가 가입해서 지키기로 약속한 국제법이에요. 오늘날 영향력이 가장 큰 국제기구 유엔이 왜 '어린이와 청소년은 마음껏 뛰어놀아야 한다'는 한가한 소리를 하고 있을까요? 왜 전 세계 대부분의 나라가 이 한가한 소리를 법으로 정한 걸까요? 바로 그게 세계 평화를 실현하는 중요한 수단이라고 여기기 때문이에요! 경쟁을 부추기는 사회에서 어린이와 청소년은 몸도 마음도 튼튼하게 자랄 수 없어요. 이런 아이들이 자라 이기적이고 불행한 어른이 된다면 우리 사회는 결코 평화로워질 수 없어요.

이처럼 세계 평화는 우리 삶과 맞닿은 소박한 바람에서 출발해요. 나, 너, 우리 모두가 행복하게 잘 살자는 얘기예요. 또 내가 행복하자고 다른 이들의 불행에 눈감지 않아야 해요. 서로의 불행에 눈감는다면 결국 우리 모두 불행해질 수밖에 없거든요.

세계 평화라는 주제가 어려운 까닭이 여기에 있어요. 사람들은 저마다 좋아하는 색깔도 음식도 취미도 달라요. 자라 온 환경도 문화도 다르고, 앞으로 이루고 싶은 꿈도 달라요. 예를 들어 하루 한 끼도 제대로 못 먹는 어린이와 경제적으로 풍요로운 환경의 어린이는 행복의 조건과 기준이 아주 다를 거예요. 기독교를 믿는 사람과 이슬람교를 믿는 사람이 바라는 평화의 조건과 기준도 다르겠죠. 모두를 만족시킬 방법을 찾기란 쉬운 일이 아니에요. 또 한 나라 안에서 발생한 문제는 그 나라 국민들이 책임을 지고 풀어야지 다른 나라 사람들이 함부로 간섭하면 곤란해져요. 하지만 국경을 넘어서 전 세계에 영향을 주는 문제나, 한 국가의 힘만으로는 풀기가 어려운 문제가 생기면 어떻게 해야 할까요?

이런 문제를 해결하기 위해 만들어진 국제기구가 바로 유엔이에요. 유엔은 세계 평화를 가로막는 문제들에 대해 개개인의 차이와 국경을 넘어서 깊이 논의하고, 전문기구를 꾸리고, 해결할 방법을 모색하고 있어요. 그중 가장 긴급하게 해결해야 할 주요한 문제를 추려서 '글로벌 이슈(Global Issues)'로 다루고 있죠.

글로벌 이슈는 당장 우리 앞에 놓인 아주 구체적인 문제들이에요. 하나하나의 이슈는 아주 빠르게 바뀌고 있고 이걸 따라가려면 아주 전문적이고 지속적인 노력이 필요해요. 그래서 세계 평화가 어떤 얼굴을 하고 있는지 제대로 볼 줄 아는 사람은 정말 몇 없지요.

그래서 우리는 이 책을 썼어요. 여러분이 세계 평화의 얼굴을 잘 볼 수 있도록 유엔에서 다루고 있는 중요한 글로벌 이슈를 갈래별로 묶어서 알기 쉽게 안내할 거예요. 각각의 이슈가 어떻게 발생하고 진행되었는지, 우리 인류는 여기에 어떻게 대처해 왔는지 차근차근 들려줄게요. 이 책으로 여러분은 세계 평화의 윤곽을 잘 알아볼 수 있게 될 거예요.

세계 평화는 우리 손으로 직접 그리는 얼굴이에요. 우리 손으로 평화의 눈, 코, 입을 하나하나 그려야 하죠. 이 책으로 세계 평화의 얼굴이 지금까지 어디까지 얼마나 그려졌는지 확인해 보세요. 또 세계 평화를 위해 여러분은 앞으로 어떤 부분을 이어서 그려 나가고 싶은지 생각해 보았으면 좋겠어요.

한재윤, 이종현

| 차례 |

여는 글 4

1. 경제 성장과 경제 불평등
자본주의 기관차, 산업혁명 10
자본주의의 어두운 욕망, 제국주의 18
21세기 경제의 새로운 변화 22
경제 불평등과 사회 갈등 28

글로벌 인터뷰 유엔세계식량계획 한국사무소 소장 임형준 34

2. 유엔의 경제 개발 지원
국제 개발을 위한 노력의 시작, 세계은행과 유엔개발계획 42
인간개발지수 45
유엔 새천년 개발 목표 56
유엔 지속 가능 발전 목표 60

글로벌 인터뷰 국제금융공사 한국사무소 대표 박준영 66

3. 환경과 생태

기후변화 76

오존층 파괴 86

해양 오염 92

생물다양성 106

글로벌 인터뷰 그린크로스 물환경평화프로그램 국가조정관 문귀호, 이종현　118

4. 자연과 인간이 더불어 사는 세상을 위하여

하나뿐인 지구를 지키자 126

바다를 지키자 142

생물다양성을 지키자 146

글로벌 인터뷰 전 유엔환경계획 아시아태평양지역사무소 소장 박영우　160

1
경제 성장과 경제 불평등

우리 인간은 사자의 억세고 날카로운 턱과 이빨을 갖고 있지 못하고 퓨마의 날쌘 다리도 갖고 있지 못해요. 따라서 인간이 자연 상태에서 살아남기 위해서는 서로서로 도움을 주고받는 협력이 반드시 필요해요. 그래서 우리 인류는 보다 효과적으로 힘을 합치고 협력할 수 있는 다양한 무리, 즉 사회를 이루어 왔습니다.

무리 생활을 하는 동물 종은 많지만, 인간 종을 다른 종과 구분 짓는 결정적인 차이가 하나 있어요. 사회 안에서 개개인은 저마다 무언가를 생산하고 교환하고 소비하면서 살아가는데, 이와 같은 행위를 경제 활동이라고 해요. 인류는 경제 활동을 통해 문명사회를 이룩했고 발전시켜 왔어요.

특히 신석기시대의 농업혁명, 18세기의 산업혁명을 거치면서 인류의 경제 규모와 질은 눈부시게 성장했습니다. 그리고 오늘날에는 세계가 하나의 경제 공동체가 되었어요. 우리는 유럽에서 생산한 신발을 신고, 아메리카에서 생산한 장난감을 가지고 놀며, 아프리카에서 생산한 과일을 먹어요. 또 우리나라에서 만든 자동차와 컴퓨터를 전 세계 사람들이 사용하지요. 덕분에 21세기 인류는 어느 시대보다 물질적으로 풍족한 생활을 누리고 있답니다.

인류의 경제는 이렇게 성장했지만, 빛이 찬란할수록 더욱 짙어지는 그림자처럼 해결하지 못한 채 더욱 커지고 있는 심각한 문제가 있어요. 바로 경제 불평등입니다. 잘사는 나라와 못사는 나라 사이의 격차가 점점 커지고 있습니다. 또 같은 나라 안에서도 잘사는 사람과 못사는 사람의 격차가 갈수록 벌어지고 있습니다.

현재 전 세계 인구 76억 명 중 심각한 굶주림에 허덕이거나 영양실조에 걸린 사람이 자그마치 약 8억 명이나 돼요. 전 세계 인구 중 무려 약 12%, 우리나라 인구의 열 배가 넘는 사람들이 당장 먹을 것이 없어서 굶어 죽을 위기에 놓여 있는 것이지요. 경제 불평등 문제가 얼마나 심각한지 느껴지나요?

게다가 경제적으로 빈곤한 국가는 크고 작은 분쟁에 휩싸이는 경우가 많아요. 분쟁 때문에 사람들은 기본적인 생존마저도 위협을 받게 되고 따라서 제대로 된 미래를 준비할 수도 없어요. 사람들의 삶은 황폐해지고 가난은 대물림돼요. 그래서 경제 불평등 문제는 국제 사회가 시급히 해결해야 할 중요한 문제로 떠올랐지요.

그럼 도대체 왜 이렇게 많은 사람이 기본적인 생명권마저도 보장받지 못한 처지에 갇혀 살아가고 있을까요? 어떻게 하면 이 문제를 해결할 수 있을까요? 지금부터 이 문제의 원인과 해결 방법에 대해 이야기를 나눌 거예요.

자본주의 기관차, 산업혁명

 기원전 1만 년, 호모 사피엔스 한 무리가 한곳에 정착했습니다. 이들은 그곳에 머물며 농사를 짓기 시작했습니다. 먹을거리를 찾아 떠도는 생활에서 벗어난 거예요. 농사를 지으면서 이들은 생산량을 예측할 수 있었고, 덕분에 전보다 계획적으로 생활할 수 있게 되었어요. 이렇게 생산한 곡식은 다른 물건과 교환하는 수단이 되기도 했어요. 또 이때부터 부를 축적한 사람들이 등장했지요.

 정착 농경 생활이 뿌리내리자 보다 안정된 사회 제도도 갖출 수 있게 됐어요. 이를 통해 인류는 농업, 어업, 목축업을 통한 경제 활동을 더욱 더 체계화하는 선순환을 일구어 나갔지요. 이를 1차 산업이라고 합니다. 사람들의 경험이 쌓이고 노력이 더해져 인류는 보다 넓은 땅에 곡식을 심고, 보다 먼 강과 바다에 나가 고기를 잡고, 말과 양 같은 가축을 기르고 활용하는 방법을 발전시켰어요. 생활이 안정될수록 인구도 늘었고 도시도 생겼습니다.

 전 지구적으로 보자면 온대 기후 지역과 평야 지대에서는 정착 농경 문명이 발달했고, 열대·냉대 기후 지역과 사막·산야 지대에서는 유목 목축 문명이 발달했습니다. 농경 문명과 목축 문명은 시간이 흐를수록 경제 발전 속도에서 차이를 보였어요. 농경 문명은 경제를 계획적이고 지속적으로 발전시킬 수 있었던 반면, 목축 문명은 험난한 자연 환경 때문에 농사를 짓기도, 많은 재산을 소유하기도, 큰 도시를 이루기도 힘들었어요.

그러나 당시의 1차 산업은 성장에 한계가 있었습니다. 지금은 과학 기술이 발달해서 농업도 생산력이 높은 편이지만 당시에는 그렇지 못했거든요. 기계 없이 농사를 지으려면 많은 노동력이 필요한데, 투입되는 노동력에 비해 생산되는 양은 많지 않아서 한 사회가 자급자족하기도 쉽지 않았어요. 무역을 하더라도 이웃 나라와 필요한 물건을 교환하는 정도에 그쳤지요. 게다가 날씨에 크게 영향을 받아서 열심히 일하고도 한 해 농사를 망친 농부들이 허망하게 하늘을 올려다보는 경우도 많았어요. 그래서 농경 사회의 경제는 아주 오랫동안 완만하게 성장했습니다.

한편 생산량에 큰 변화가 없다면, 한 나라를 다스리는 왕의 입장에서 권력을 키우는 방법은 크게 두 가지였어요. 첫 번째 방법은 국민으로부터 세금을 많이 거둬들이는 겁니다. 손쉽게 재정을 확보할 수 있는 방법이지요. 하지만 세금을 너무 많이 거두면 국민들의 생산 의욕을 떨어뜨려 오히려 경제를 퇴보시켜요. 이런 상황이 오래 이어진 탓에 아예 무너진 국가도 많아요. 그래서 고대 국가에서 세금 문제는 언제나 지배자들의 큰 고민거리 가운데 하나였습니다.

두 번째 방법은 전쟁을 일으켜 다른 나라 영토를 빼앗는 것입니다. 그러나 이 역시 쉽지 않은 선택이었어요. 한번 전쟁을 치르려면 엄청난 인적 물적 피해를 감수해야 하고, 심각하게는 왕과

나라의 운명까지 걸어야 했으니까요. 하지만 전쟁에서 승리해서 다른 나라 영토를 빼앗으면 그만큼 농사지을 땅과 사람이 생겨났지요. 그래서 고대 국가들은 위험을 무릅쓰고 영토 전쟁을 벌였습니다. 대규모 농사를 지을 수 있는 평야 지대, 무역 이권을 챙길 수 있는 교통 중심지일수록 그 지역을 차지하려는 영토 전쟁이 끊이지 않았어요.

그러나 당시의 영토 전쟁은 산맥, 사막, 바다 같은 지리 환경에 따라 크게 영향을 받았어요. 아주 가끔 여러 대륙을 정복한 제국이 등장하기도 했지만 그리 오래 유지되지 못하고 다시 여러 국가로 나뉘었어요. 교통과 통신이 발달하지 못한 시대에는 넓은 영토를 온전히 지배하는 게 아주 힘들었기 때문입니다.

경제·문화 활동도 지리 환경에 따라 동아시아, 중앙아시아, 인도, 아라비아(서아시아), 지중해, 유럽, 아프리카, 북아메리카, 남아메리카 등으로 나뉘어 독자적으로 형성되었어요. 그리고 사람들은 오랜 시간에 걸쳐 대륙과 대륙을 잇는 수많은 무역로를 개척했어요. 당시 세계의 경제와 문화를 연결하는 실핏줄 같은 무역로는 크게 아시아―중앙아시아―아라비아―지중해(유럽)를 잇는 육지 무역로인 비단길, 아시아―인도―아라비아―지중해를 잇는 해상 무역로인 향신료길이 있었어요.

14세기가 되자 유럽에서 르네상스가 시작되었어요. 중세까지 유럽은 아시아나 아라비아에 비해 정치·경제·문화에서 뒤처져 있었어요. 그러다 르네상스를 거치며 인간 중심주의, 합리적인 실용주의를 바탕으로 경제와 문화와 과학을 꽃피웠지요. 유럽은 아라비아와 중앙아시아의 이슬람 세력을 피해 직접 아시아·인도와 무역을 하고자 조선술과 항해술을 발전시키며 지중해를 벗어나 더 먼 바다로 나아갔어요.

1492년 콜럼버스가 이끈 한 무리의 배가 스페인 항구를 출발해서 대서양 건너 아메리카에 다다랐어요. 사실 콜럼버스는 서쪽 바다로 나아가면 인도에 다다를 수 있다고 생각했어요. 그래서 아메리카 원주민들을 인디언이라고 불렀어요. 하지만 곧 전혀 새로운 대륙을 발견했다는 사실을 깨달았습니다. 당시 아메리카 원주민들은 자연 환경에 따라 대부분 유목 생활을 하고 소규모로 정착 농경 문명을 이루고 있었어요. 뛰어난 무기를 앞세운 유럽 강대국 앞에 이들은 상대

비단길

비단길은 이름 그대로는 비단을 교역하던 상인들이 다닌 길을 가리킵니다. 중국의 비단이 로마 제국으로 흘러들어 간 길입니다. 단 하나의 '길'을 가리키기보다는 중국에서 중앙아시아, 아라비아를 거쳐 유럽으로 가는 여러 경로를 아울러 비단길이라고 부릅니다. 비단 무역이 이루어지기 훨씬 전부터 동양과 서양이 이 경로로 문명을 주고받았고, 19세기에 이르러 여기에 '비단길'이라는 이름을 붙인 겁니다. 예를 들어 농경 문화나 토기, 천 만드는 기술 등이 수천 년 전에 이 길을 거쳐서 유라시아 대륙 곳곳으로 전파되었다고 알려져 있습니다. 이후로는 이 길로 새로운 문물이 확산되었고요. 또 로마 제국의 알렉산드로스, 몽골의 칭기즈칸 등이 대륙을 정벌할 때도 이 길을 따라 유라시아 대륙 곳곳을 누볐습니다.

아메리카 대륙에 다다른 콜럼버스 콜럼버스가 아메리카 대륙에 진출하면서 자원 수탈이 본격화되었다

가 되지 않았어요. 유럽인들은 아메리카 대륙을 거침없이 점령해 갔습니다.

스페인은 중앙아메리카의 아즈텍 문명과 잉카 문명을 멸망시켰습니다. 그리고 그곳의 금과 은을 파헤쳐 유럽으로 실어 날랐습니다. 1500년대에 10톤, 1540년대에는 25톤, 1550년대에는 43톤의 금을 채굴했고, 또 1590년대에는 은 2700톤을 채굴해서 유럽으로 가져갔어요. 비슷한 시기에 유럽 전체에서 1년 동안 채

굴된 금이 1톤 정도였다고 하니, 당시 유럽에서 얼마나 많은 재화가 순식간에 불어났는지 짐작이 가나요? 그러자 유럽의 다른 강대국들도 너나없이 아메리카와 아프리카, 아시아로 진출하기 시작했습니다. 아메리카의 금·은, 아프리카의 금·상아·노예, 인도의 후추 등이 유럽으로 가져간 대표적인 약탈품이었습니다.

그리고 이 시기에 유럽인들은 아프리카 원주민을 사로잡아 아메리카에 노예로 내다팔았습니다. 아메리카에 침략하면서 원주민들을 몰살시켜 일할 사람이 없자 아프리카 원주민을 노예로 데려다 일을 시킨 겁니다. 아프리카 노예들은 아메리카로 실려가 사탕수수, 담배, 면화 등과 거래되었어요.

아메리카에서 유럽으로 가져온 약탈품들은 공장에서 가공되어 상품으로 팔려 나갔습니다. 돈 한 푼 안 주고 빼앗은 자원으로 상품을 만들어 팔아 이익을 냈으니 유럽 열강들은 땅 짚고 헤엄치는 격으로 부를 늘렸어요. 노예무역도 이들에겐 수지맞는 장사였지요. 프랑스가 한때 노예무역으로 한 해 동안 거둬들인 이익이 프랑스 1년 예산의 70% 가까운 어마어마한 양이었다고 해요. 이렇게 유럽 대륙은 다른 대륙에서 자원을 수탈해 크게 성장했습니다.

많은 재화와 유럽의 과학 기술이 만나면서 18세기에 산업혁명이 일어났어요. 증기기관은 산업혁명의 시작을 알린 신호탄이었습니다. 1769년 영국의 제임스 와트는 증기기관을 성능 좋게 개량했습니다. 증기기관은 물을 뜨겁게 데워 발생하는 증기의 힘으로 기계를 움직이는 장치예요. 소나 말, 사람에 비해 훨씬 힘이 세고 빠르고 정확했지요. 물론 지치지도 않았고요. 그래서 증기기관을 이용한 운송 수단과 기계, 상품을 생산하는 공장이 하루가 멀다 하고 생겨났습니다. 세계 경제는 자원을 가공해서 갖가지 물건을 만드는 2차 산업 시대로 들어선 거예요.

2차 산업 시대에는 철강 산업, 화학 산업을 바탕으로 건축, 생활 용품, 이동 수단 모두에서 눈부신 발전을 이루었어요. 농사를 짓던 농부들은 공장에서 일하는 노동자가 되었고, 이들이 몰려들면서 도시 규모는 눈덩이처럼 커졌습니다. 사람들은 공장에서 생산한 상품을 소비하며 먹고 자고 입고 생활하기 시작했습니다. 이른바 자본주의 시대가 시작된 거예요.

자본주의 논리는 간단해요. 자본주의는 의식주와 문화생활에 필요한 모든 물건을 상품으로 취급합니다. 공장에서 상품을 만들어 시장에 내놓으면(공급), 이 상품을 필요로 하는 사람들은 돈을 주고 소비하지요(수요). 상품의 가격은 수요와 공급이 많고 적음에 따라 시장에서 결정되고요. 공장에서 상품을 공급해도 이것이 필요한 소비자가 없다면 시장은 형성되지 않아요. 그래서 자본주의는 어느 정도 경제 수준을 갖추고 무엇을 살지 자유롭게 선택할 수 있는 다수의 사람이 필요해요. 바로 임금 노동자들이에요.

2차 산업 시대의 공장 노동자 임금 노동자는 자본주의 사회에서 생산과 소비를 담당하는 꼭 필요한 존재이다

　자본주의 사회의 또 다른 특징은 타고난 신분에 따라 운명이 결정되는 신분제 사회가 사라졌다는 점이에요. 자본주의 사회에서 노동자들은 과거에 비해 더 많은 정보와 지식을 쌓을 수 있었고, 경제 활동을 할 자유를 얻어 재산도 어느 정도 모을 수 있었습니다. 그렇다고 모든 노동자의 사회적 지위가 곧장 높아지지는 않았어요. 사실 노동자들이 받는 임금은 평생을 모아도 식료품을 사고 자그마한 집을 장만하는 수준에서 벗어나지 못했거든요. 사회 전체의 경제가 크게 발전했음에도 노동자의 생활수준은 나아지지 않았다면 그 막대한 부는 어디로 갔을까요?

　바로 기계와 공장을 소유한 사람들, 즉 자본가들의 몫으로 돌아갔습니다. 공장에서 상품을 생산해 팔면 1차 산업과는 비교할 수 없을 만큼 엄청난 이윤을 가질 수 있었어요. 자본가들은 이렇게 축적한 부로 국가 권력마저 움켜쥐었어요. 절대 권력을 누려 온 왕은 자본가들이 주도한 시민 세력에 밀려 서서히 역사의 뒤안길로 사라졌지요.

정치권력까지 장악한 자본주의는 이제 지리와 환경의 제약을 뛰어넘어 세계로 진출했습니다. 돈이 되는 곳이라면 어디든 가리지 않고 산과 강과 바다를 개척하며 달려갔으니까요. 자원과 상품과 사람이 세계를 넘나들었어요. 저마다 고유하게 유지되던 경제·문화권이 허물어지고 시장이라는 동일한 논리에 따라 세계가 움직이기 시작했어요.

자본주의의 어두운 욕망, 제국주의

이 시기 유럽 강대국들은 전 세계를 자기네 식민지로 삼으려는 제국주의 국가로 탈바꿈했어요. 처음에는 자원을 막무가내로 수탈했지만 곧이어 보다 안정적으로 오래 수탈할 수 있는 체계를 갖추고자 했지요. 그래서 식민지에 나름의 법과 제도를 세우고, 자본주의 경제 체제를 옮겨 심었어요. 그래야 식민지 국민들이 제국주의 국가들이 원하는 상품을 싼값에 생산하고 자기들이 만든 상품도 잘 사갈 수 있었으니까요.

예를 들어 영국에서는 1600년에 상인들이 동인도회사를 설립했어요. 그러고는 영국 국왕으로부터 무역 독점권을 따낸 뒤 아프리카, 아시아 등으로 진출했어요. 이들은 처음에는 무역을 하는 사업가임을 내세웠지만 곧 본색을 드러냈습니다. 인도에 진출한 동인도회사는 원주민들에게 강제로 면직물 농사를 짓게 해서 거기서 생긴 이윤을 빼앗아 갔어요. 1765년에는 벵골 지방의 토지를 빼앗아 높은 세금을 매겼고, 인도 무역 독점권을 놓고서 프랑스와 전쟁을 벌이기도 했어요. 그러다가 결국 1857년에는 인도 지역을 300년 동안 통치하고 있던 무굴제국까지 무너뜨렸답니다.

동인도회사는 1704년에 차를 수입하면서 중국 청나라와도 교역을 시작했습니다. 그런데 청나라에서 사 오는 것에 비해 파는 성과가 좋지 않자, 영국은 인도에서 재배한 아편을 청나라에 팔기 시작했지요. 아편은 중독성이 아주 강한 마약이에요. 청나라에서 아편은 순식간에 팔려 퍼져 나갔고 심각한 사회 문제를 일으켰어요. 그래서 청나라 정부는 아편을 금지하려 했어요. 그런데 이를 구실로 삼아 영국 군대가 청나라와 전쟁을 일으켰고, 결국 청나라는 멸망에 이릅니다. 제국주의 국가들은 그 틈에 중국을 식민지로 삼으려고 호시탐탐 노렸고, 그 시도는 제2차 세계대

동인도회사 무굴제국에 진출한 영국 동인도회사는 인도 침략의 발판을 다졌다

전 때까지 이어졌어요. 이 과정에서 중국은 깊은 상처를 입었답니다.

네덜란드, 포르투갈, 프랑스 등 유럽의 다른 강대국들도 영국 동인도회사의 활약에 자극을 받아 잇따라 동인도회사를 설립해 제국주의 경쟁에 뛰어들었어요. 일본도 이를 좇아 1908년에 동인도회사와 성격이 같은 동양척식주식회사를 설립하고는 이 회사를 앞세워 우리나라의 토지와 자원을 마구 수탈했지요.

제국주의 국가들은 더 많은 식민지를 확보해서 더 많은 이익을 가져가려고 치열하게 싸웠어요. 그 결과가 두 차례의 세계대전이었고요. 전쟁으로 유럽을 비롯한 세계는 불바다가 되었고

동양척식주식회사 우리나라의 토지와 자원을 수탈한 일본 동양척식주식회사

세계 경제도 크게 휘청거렸어요. 제국주의는 자본주의가 균형을 잃고 극단으로 치달으면 얼마나 흉측한 얼굴이 되는지 뚜렷하게 보여 주었습니다.

제국주의가 무너지고 나자 식민지 국가들이 잇따라 독립했어요. 그러나 새로운 독립국가들은 정치·경제·문화 모든 분야에서 현재까지도 밑바닥 상태를 벗어나지 못하고 있어요. 제국주의 국가였던 몇몇 나라는 식민지였던 나라에 사과하기는커녕 자신들이 식민지의 경제를 발전시켰다고 주장하기도 합니다. 그러나 그들이 식민지에 자본주의 경제를 옮겨 심은 과정은 아주 폭력적이었어요. 대부분 1차 산업을 중심으로 대규모 농장을 만들고 원주민들을 노예처럼 부려 일을 시켜서는 그 생산물을 자기 나라로 가지고 가는 방식이었고요. 18세기부터 20세기에 걸쳐 서구 제국주의 국가에서 2차 산업이 성장하는 동안 식민지 국가들은 1차 산업 외에는 경제를 발전시킬 수 없었던 겁니다. 식민 지배에서 벗어난 독립국가들이 지금까지도 대부분 스스로 나라를 운영할 능력을 갖추지 못하고 혼란한 상태에서 빈곤에 시달리는 데는 이러한 역사적 배경이 있는 거예요. 제국주의가 인류 역사에 새긴 상처가 아직 아물지 못한 채로 남아 있는 거지요.

21세기 경제의 새로운 변화

제국주의가 무너진 후 국제 사회는 인류가 잘못된 길로 가고 있다고 반성했습니다. 국제 전쟁으로 인류가 멸망할 수도 있다는 사실을 깨달았으니까요. 그래서 유엔을 설립하고 국가 간 갈등과 분쟁을 중재하기로 했어요. 또 자본주의 시장 논리를 그대로 방치하면 얼마나 위험한지 절실히 경험했어요. 그래서 국가가 시장 경제에 적극적으로 개입해 조정자 역할을 해야 한다는 주장이 일었어요.

공산주의는 이런 주장을 가장 극단적으로 밀어붙인 것입니다. 공산주의자들은 노동자가 권력을 잡고 국가가 모든 생산 수단을 소유해서 경제를 계획적으로 통제해야 한다고 주장했어요. 제국주의가 세계를 휩쓸던 시기에 러시아와 중국을 비롯한 여러 나라에서 공산주의 진영이 국가를 통치했고, 냉전 시대에 공산주의는 세계의 한 축을 이루었습니다.

자본주의 안에서도 새로운 대안들이 등장했습니다. 국가가 경제의 바탕이 되는 주요 기간산업을 운영하고, 자본가의 불법 행위를 엄격하게 규제하고, 노동자의 권리와 이익을 증진하고자 노력했습니다. 개발도상국을 돕기 위한 세계은행과 국가 간 무역 질서를 세우는 세계무역기구(WTO)도 이때 생겨났어요.

이처럼 세계가 제국주의의 그늘에서 벗어나려고 애쓰던 때에 미국이 세계 정치·경제의 일인자로 등장했습니다. 미국은 유럽인들이 건너가 세운 나라여서 유럽의 2차 산업 기술을 온전히 들여올 수 있었어요. 영토가 넓은 덕에 대규모 농장을 운영하며 1차 산업도 크게 발전시켰지요. 제2차 세계대전 때도 피해를 입지 않고 오히려 군수 물자를 세계에 공급하면서 큰 이익을 남겼어요. 미국은 유엔 설립을 주도하고 냉전 시대에 자본주의 진영을 이끌었어요. 미국의 주도로 세계는 전쟁의 아픔을 딛고 다시 경제를 발전시켜 갔어요.

20세기 후반 들어 세계 경제에는 크게 두 가지 주목할 만한 변화가 일어났어요.

먼저 2차 산업의 에너지원으로 쓰이는 화석 연료가 석탄에서

석유 시추 석유와 함께 세계 경제는 더욱 빠르게 발전하기 시작했다

석유로 빠르게 대체되었어요. 석유는 보통 땅속 2~3킬로미터 깊이에 매장되어 있어서 석탄에 비해 채취하기가 훨씬 어려워요. 하지만 한번 시추에 성공하면 막대한 양을 얻을 수 있어요. 또 효율성이 높고 화학 제품까지 만들 수 있어서 쓰임새가 다양합니다. 석유는 2차 산업을 다시 한번 크게 성장시켰으며, 세계는 이 검은 황금에 열광했어요.

당시 석유가 집중적으로 매장되어 있는 지역은 아라비아반도, 중앙아메리카 등이었어요. 대부분 식민지였거나 경제 후진국이었던 이 지역 나라들이 석유를 잘 이용했다면 경제 불평등을 상당히 해소할 수 있었겠지요? 그러나 이들 나라는 석유를 시굴하는 기술도 부족했고, 어떻게 사용해야 할지도 잘 몰랐어요.

그 틈에 미국과 유럽 강대국들은 온갖 방법을 동원해서 이 지역의 석유 채굴권을 독점했습니다. 이 과정에서 크고 작은 분란을 일으켰고요. 전 세계 석유 매장량이 줄어들고 있는 오늘날에는 석유를 둘러싼 갈등과 분쟁이 더 거세지고 있습니다. 그래서 석유는 세계대전으로 무너진 세계 경제를 일으킨 일등공신이면서도, 또 다른 분쟁을 불러일으키고 경제 불평등을 심화시킨 원인으로 지목되기도 해요.

두 번째 변화는 금융, 교통, 관광, 통신 등 3차 산업이 크게 성장했다는 점입니다. 3차 산업은 1·2차 산업처럼 '물건'을 직접 생산하지는 않아요. 현대 사회를 살아가는 사람들에게 꼭 필요한 '서비스'를 제공하지요. 3차 산업으로 인간의 삶은 한결 편리하고 풍요로워졌어요. 이 시기에 선진국의 거대 기업들은 인건비와 물류비를 아끼려고 개발도상국에 공장을 세우고 상품을 생산하곤 했어요. 그래서 3차 산업은 경제가 발전한 선진국에서, 1·2차 산업은 개발도상국에서 중심 산업으로 자리 잡았어요. 그리고 교통과 통신 기술이 발달하면서 세계는 그야말로 하나의 경제권으로 묶이게 됩니다.

3차 산업 중에서도 금융 산업은 세계 경제를 크게 변화시켰습니다. 금융 산업이란 본디 은행, 보험, 증권처럼 돈이 남는 곳에서 돈이 모자란 곳으로 자금을 중개하는 기능을 해요. 예를 들어 사람들이 여윳돈을 은행에 저축하면 은행은 이 돈을 필요로 하

2008년 금융 위기

2007년 들어 미국의 금융 회사들이 파산하기 시작했습니다. 이전까지 낮은 이자율로 주택 담보 대출을 내줬는데 집값이 떨어지고 이자율이 오르자 사람들이 돈을 갚지 못하게 되고, 이 규모가 어마어마하게 커지자 금융 회사들이 무너지기 시작한 거예요. 문제는 금융 자본이 발달하면서 위험을 사고파는 상품도 등장했고, 누가 얼마를 빌렸는지 파악할 수 없을 만큼 금융 시스템이 복잡해졌다는 점입니다. 미국 정부가 나서 몇몇 회사를 지원하면서 진정되기는 했지만, 이때 발생한 손실을 다 합치면 100조 원 가까이 된다고 해요.

이후로 미국을 비롯한 여러 나라가 은행의 역할을 제한하는 규제법을 도입하는 등 진화에 나섰어요. 하지만 이 여파는 세계 경제의 위기로 이어졌지요. 우리나라도 1997년 IMF 외환 위기 이후 10년 만에 다시 맞은 경제 위기로 수출이 감소하고 주가가 폭락하는 등 큰 침체를 겪어야 했습니다.

는 기업에 빌려줍니다. 기업이 은행에서 돈을 빌리는 대가로 은행에 이자를 내면, 은행은 그중 일부를 개인에게도 이자로 돌려주는 거예요. 이처럼 금융 산업은 개인과 기업을 긴밀하게 연결하고 자금을 적재적소에 재분배해서 사회와 개인이 함께 성장하는 징검다리 역할을 했습니다. 그런데 20세기 후반 들어 금융 산업은 본디 기능과 달리, 금융 거래에서 생기는 이익을 극대화하는 방향으로 몸집을 키웠어요. 그렇게 해서 금융 자본은 1·2차 산업보다 훨씬 큰 규모로 성장했어요. 그래서 경제학자들은 현대를 금융 자본주의라고 일컫기도 합니다.

금융 산업은 돈에 대한 사람들의 욕망을 부채질했어요. 사람들은 오직 이윤을 얼마나 많이 가져다 줄지에 따라 금융 상품을 사고팔았어요. 빚을 내서라도 금융 상품을 사들였어요. 기업들도

금융 자본 1, 2차 산업의 규모를 뛰어넘은 금융 자본

상품을 생산하는 것보다 금융 시장에서 주가가 오르내리는 데 더 관심을 기울였어요.

  금융 자본주의는 결국 21세기 들어 다시 한번 세계 경제를 깊은 수렁으로 빠뜨렸어요. 보통 한 사회의 경제력은 실제 물건이 생산되고 소비되는 규모에 따라 결정돼요. 하지만 금융 시장은 실물 경제의 가치와 무관하게 널뛰기를 거듭했어요. 그 과정에서 무턱대고 금융 상품만을 좇던 사람들은 빚더미에 내몰렸고요. 더 큰 문제는 금융 자본주의가 잘못을 복구하기 위해 혹은 더 많은 돈을 벌겠다는 탐욕 때문에 위험한 금융 상품을 계속 만들었다는 점이에요. 이것이 얼마나 위험한 일이었는지는 지난

2008년에 발생한 세계 금융 위기를 통해서 우리는 매우 아프게 경험했어요. 당시 미국에서 매우 부실하게 만들어졌던 금융상품이 문제를 일으켰는데, 그 여파가 전 세계를 휩쓴 것이죠. 그 결과 수많은 은행과 기업이 문을 닫았고 일자리도 많이 사라졌어요. 아이슬란드 같은 나라는 국가 부도 위기에까지 몰렸었답니다.

이 사건을 계기로 더 이상 지금과 같은 금융 자본주의는 안 된다는 문제의식을 모두가 갖게 됐어요. 앞으로 자본주의는 어떤 모습이어야 할까요? 계속 함께 고민해야 할 문제예요.

경제 불평등과 사회 갈등

경제학자들은 오늘날 세계에서 생산되는 식량으로 120억 명 정도가 먹고살 수 있다고 말합니다. 세계 인구가 76억 명 정도니 식량은 넘쳐나는 셈이에요. 나아가 2차 산업에서 생산한 다양하고 화려한 상품들이 쏟아져 나오고 있고, 3차 산업은 지구를 하나로 연결해 놓았어요. 세계 경제는 이처럼 놀라운 성취를 이뤘지만 큰 문제가 하나 있어요. 바로 경제 활동의 성과 대부분이 특정 소수의 국가와 계층에게 집중된다는 점이에요.

자본주의에서 개개인들은 경제 활동을 해 이윤을 남기고 재산을 축적할 수 있어요. 따라서 사람들은 더 많은 이윤을 남기려고 경쟁합니다. 이는 경제를 빠르게 성장시키는 자본주의의 강력한 원동력이에요. 그런데 바로 그 점 때문에 경제가 발전할수록 부는 소수에게 집중되고 나머지는 빈곤해지기 쉬워요. 아무래도 이미 어느 정도 부를 소유하고 있는 사람들이 그렇지 않은 사람들보다는 더 쉽게 돈을 벌 수 있기 때문이에요.

세계 경제가 이룬 성과는 북서유럽, 북아메리카, 동아시아 등 20여 개 경제 선진국에 몰려 있습니다. 국제통화기금(IMF)이 발표한 자료에 따르면 2017년 세계 총생산의 약 65%를 이 경제 선진국들이 차지하고 있어요. 경제 선진국들은 발전된 경제를 발판으로 정치를 안정시키고, 문화를 발전시키며, 국민들을 안전하게 지켜 왔습니다.

이에 비해 동유럽, 중앙아시아, 아라비아, 동남아시아, 아프리카, 중남아메리카에 있는 나머지 대다수 국가들은 경제가 크게 뒤처져 있어요. 이들 나라는 2차, 3차 산업을 스스로 발전시키지 못한 채 경제 선진국에 자원과 노동력을 헐값에 팔고, 경제 선진국 기업의 상품을 소비하면서 경제를 유지하고 있어요. 정치적으로 혼란스럽고, 국민을 안정적으로 보호하지 못하는 경우도 많아요. 국가들 사이의 경제 불평등은 아주 두텁고 단단하게 굳어져 있어서 개발도상국이 경제 선진국으로 도약하기는 매우 어

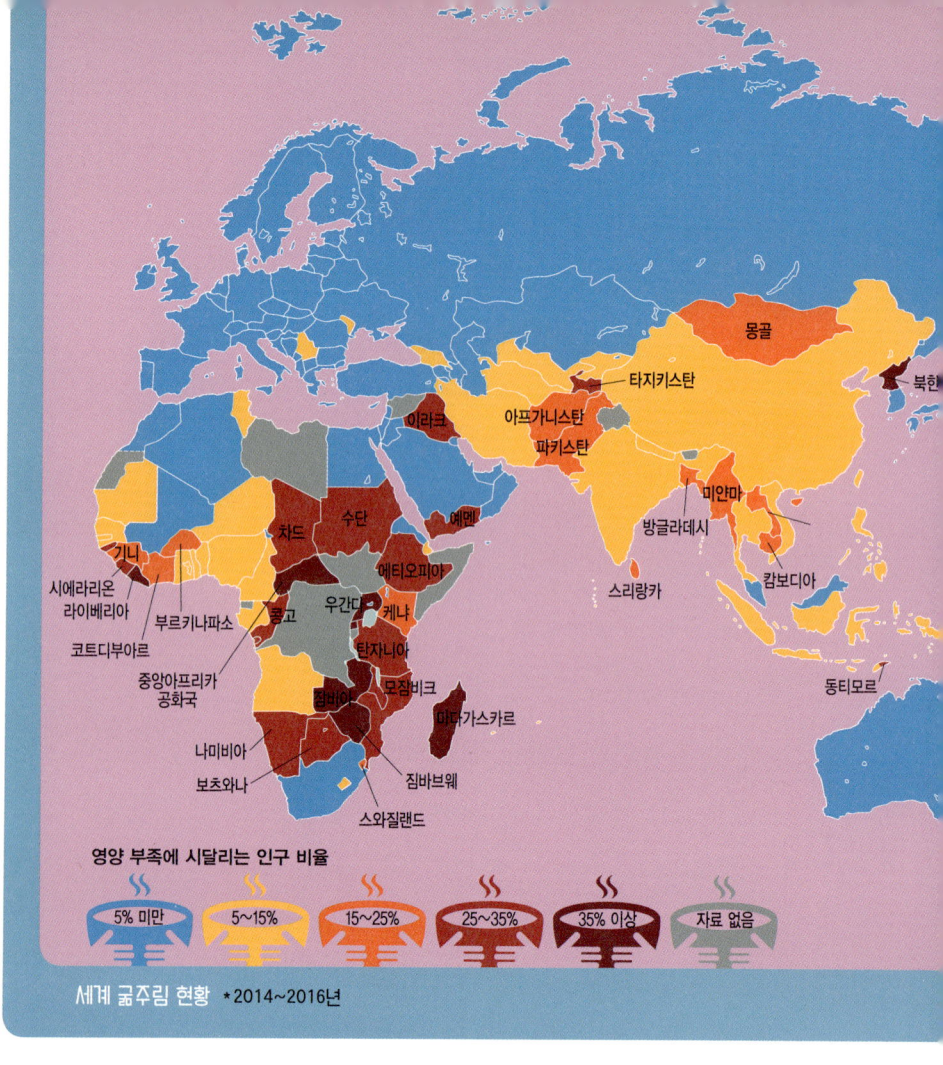

렵습니다.

 경제 불평등은 국가와 국가 사이뿐 아니라 한 국가 안의 개인과 개인 사이에도 존재합니다. 경제적으로 발전했건 낙후했건 한 나라 안에서 부자와 가난한 사람은 생활수준에 큰 차이가 있

출처: 유엔세계식량계획

어요. 문제는 21세기 들어 이 격차가 돌이킬 수 없게 너무 빠르고 깊게 벌어지고 있다는 점이에요.

예를 들어 경제협력개발기구(OECD)는 회원국 국민 중 가장 부유한 10%의 소득이 가장 가난한 10%의 소득보다 아홉 배 많

경제 불평등

미국 뉴욕의 월스트리트는 세계 금융의 상징과도 같은 곳입니다. 그런데 2011년 미국 시민들이 '월스트리트를 점령하라'라는 구호를 외치며 시위를 벌였어요. 최상위 1% 부자가 미국 전체 부의 절반을 가지고 있는 건 불평등하다고 말이에요. 지금 미국의 경제 불평등은 지난 100년 중에 가장 심한 상태라고 합니다. 하위 50%의 부를 다 모아도 전체 부의 1%밖에 안 됩니다. 교육이나 공공에 대한 투자가 적어 부가 재분배될 가능성도 줄어들고 있고요.

우리나라도 마찬가지입니다. 전체 소득은 증가하고 있지만, 부자들의 소득은 늘어나는데 빈곤층의 소득은 오히려 줄고 있는 상황이에요. 부동산 같은 자산은 부모로부터 자식에게 대물림되는 경향이 있고 부동산 가격이 상승하면서 자산의 불평등도 심해지는 추세입니다. 최저임금을 올리고, 부자들에게 세금을 더 걷자는 주장이 등장하는 이유도 그만큼 불평등이 심해지고 있기 때문입니다.

경제 불평등에 참다 못한 시민들은 '우리는 99%다'라는 구호를 들고 시위에 나섰다

다는 통계를 2011년에 발표했어요. 또 국제 시민단체인 옥스팜이 조사한 자료를 살펴보면 세계 상위 20% 부유층이 전 세계 부의 90%를 독점하고 있어요. 게다가 세계 최고 부자 여덟 명이 소유한 재산이 세계 인구 절반의 재산을 합친 것과도 비슷하다고 해요. 참 놀랍지 않나요?

앞서 살펴보았듯이 인류는 생존을 위해서, 나아가 더 풍족한 삶을 누리기 위해서 경제를 발전시켜 왔어요. 18세기 이후 세계 경제는 발달된 과학기술과 함께 자본주의를 기본 체제로 삼아 눈부시게 발전했고요. 그리고 놀랍게도 불과 100년 만에 인류는 무엇 하나 부족

할 것 없는 풍족한 세상을 만들었지요. 그러나 이 과정에서 매우 심각한 빈부 격차와 사회적 불평등, 금융 위기 등 여러 문제가 불거졌어요. 특히 경제 불평등은 전 세계에 걸쳐 자원을 낭비하게 만들고 사회를 분열시키며 갈등을 불러일으켜서 매우 심각한 분쟁 상황을 만들어요.

따라서 유엔과 국제 사회는 이 경제 불평등 문제를 해결하기 위해 많은 노력을 해 오고 있어요. 그럼 지금부터는 유엔과 국제 사회가 어떻게 노력해 왔는지 함께 찬찬히 살펴보기로 해요.

글로벌 인터뷰

유엔세계식량계획(WFP) 한국사무소 소장
임형준

유엔세계식량계획은 어떤 활동을 하는 기구인가요?

유엔세계식량계획은 전 세계 80여 개국 9000만 명을 지원하는 세계 최대의 인도주의 기구입니다. 2030년까지 '제로 헝거(Zero Hunger)', 즉 굶주림 없는 세상을 만드는 것을 목표로 각국 정부 및 1200여 개 비정부기구와 협력하고 있습니다. 긴급 구호 식량을 제공하여 생명을 구하는 것은 물론이고, 교육 사업과

Gabriela Vivacqua/WFP

남수단에서 항공기를 이용해 식량을 투하하는 모습

공동체 개발 사업 등 사람들의 삶을 변화시키는 다양한 활동도 합니다.
이를 위해 유엔세계식량계획은 전 세계 인도주의 기구 중 가장 큰 운송 체계를 보유하고 있습니다. 매일 트럭 5000대, 항공기 92대, 선박 20척이 전 세계를 누비면서 곳곳에 식량과 물자를 전달하고 있습니다.

✿ 세계에 굶주림으로 고통받는 사람은 얼마나 많나요?

2018년 발간된 세계 식량 안보와 영양 실태 보고서에 따르면 전 세계 약 8억 2100만 명이 영양 부족 상태인 것으로 나타났습니다. 이는 전 세계 인구의 약 9분의 1은 매일 밤 배가 고픈 상태로 잠이 든다는 것을 의미합니다. 영양 부족 인구는 지난 2014년 처음으로 8억 명 이하로 감소 추세를 보였다가 분쟁과 기후변화의 영향으로 2016년 8억 1500만 명으로 다시 늘어난 뒤 최근 3년 동안 계속해서 증가세를 보이고 있습니다.

✿ 지원이 가장 필요한 지역은 어디인가요?

2018년 보고서에 따르면 아프리카에서는 전체 인구의 20.4%인 2억 5600만 명이, 아시아에서는 11.4%인 5억 1500만 명이 영양 부족에 시달리고 있습니다. 유엔세계식량계획이 2018년 현재 가장 심각한 단계의 긴급 구호 사업을 벌이는 곳은 재난과 분쟁에 시달리는 방글라데시, 콩고민주공화국, 나이지리아 북동부, 사헬 지역, 남수단, 시리아, 예멘입니다.

유엔세계식량계획은 세계 60여 개국에서 학교 급식 사업을 진행하고 있다

✿ 굶주림 없는 세상을 실현하기 위해 어떤 활동을 하고 있나요?

자연재해, 분쟁 등 긴급 구호 상황이 발생하면 유엔세계식량계획은 72시간 안에 현장에 투입되어 가장 도움이 필요한 사람들에게 필수적인 식량을 제공하고 물류와 통신 서비스를 지원합니다. 또 어려움에 놓인 사람들이 자립할 수 있는 환경을 마련하기 위한 장기적인 사업도 진행합니다. 생후 첫 1000일 동안 평생 건강의 기반을 제공하는 영유아 영양 지원, 어린이들의 영양 상태 증진과 학업 참여를 돕는 학교 급식, 주민들이 각 지역에 필요한 개발 사업에 참여하며 식량을 지원받을 수 있는 취로 사업 등이 있습니다. 또 WFP 혁신센터를 통해 아이디어를 발굴하여 굶주림 없는 세상을 더욱 앞당기기 위해 노력하고 있습니다.

✦ WFP 혁신 센터에 대해 좀 더 소개해 주세요.

2030년까지 굶주림 없는 세상을 실현하려면 기존의 지원 방법을 넘어서는 혁신적인 방안들이 필요합니다. 이러한 혁신적인 아이디어들을 지원하기 위해 2016년 독일 뮌헨에 WFP 혁신센터를 열었습니다. 세계 기아 문제를 해결할 기발한 아이디어가 있는 모든 비정부기구, 스타트업, 기업은 프로그램에 지원할 수 있으며, WFP 혁신센터는 이 가운데 좋은 아이디어를 선정해 그 아이디어가 실현될 수 있도록 돕고 있습니다. 지금까지 혁신센터를 통해 실현된 대표적인 프로젝트로는 블록체인을 활용한 피해자 현금 지원, 알제리 사라위 난민을 위

한 수경 재배, 분쟁 등 지원이 닿기 어려운 곳에서도 운송이 가능한 자율 주행 트럭 사업 등이 있습니다.

✡ 식량 안보는 환경에 많은 영향을 받습니다. 기후변화에 대응하기 위한 사업도 있나요?

기후변화로 인한 기상 이변은 매년 발생하는 자연재해의 90%를 차지합니다. 또 기후변화는 세계 곳곳에서 더욱 잦은 홍수와 가뭄을 일으키는 원인이 되고 있고, 그 피해는 금세 식량 안보와 영양 상태 악화로 이어집니다.

유엔세계식량계획은 기후변화에 취약한 국가와 지역 공동체를 지원하고 있습니다. 식량 안보와 기후변화의 상관관계를 분석하고, 기후변화에도 지역 공동체가 생계를 유지하고 자산을 유지할 수 있도록 재난 위험 감소와 재난 회복력 구축을 포함한 다양한 기술과 서비스를 제공하고 있습니다. 유엔세계식량계획은 지금까지 37개국, 1300만 명 이상을 대상으로 기후변화 대응 사업을 진행해 왔습니다.

✡ 굶주림 없는 세상을 만들기 위해 우리가 할 수 있는 일이 있을까요?

유엔세계식량계획의 모든 활동은 정부와 시민의 자발적인 참여로 이루어집니다. 여러분도 굶주림 없는 세상을 만들기 위한 노력에 동참할 수 있습니다. 유

유엔세계식량계획 홈페이지에 접속해 일시 또는 정기 후원을 신청할 수 있고, 스마트폰 앱을 사용할 수도 있습니다. 유엔세계식량계획은 세계 최초로 글로벌 기부 앱 '쉐어더밀(Share The Meal)'을 개발했습니다. 약 500원이면 여러분이 선택한 나라의 아이 한 명과 하루치 따뜻한 식사를 나눌 수 있습니다. 큐알 코드를 스캔해 앱을 설치해 보세요.

sharethemeal.org

인터뷰 2018년 10월 29일

유엔세계식량계획 한국사무소 홈페이지 ko.wfp.or.org

2 유엔의 경제 개발 지원

국제 사회는 자본주의 체제 안에서 인류 앞에 놓인 경제 문제를 해결하고자 노력하고 있어요. 그중에서도 심각한 빈곤 문제를 해결하는 일을 최우선 과제로 꼽고 있습니다. 당장 굶주림으로 고통받는 사람들을 살리는 것만큼 중요한 일이 없으니까요.

그런데 빈곤 문제를 해결하려면 기본적인 의식주를 지원하는 것만으로는 부족합니다. 한 사람이 빈곤한 상태에서 완전하게 벗어나려면 질병 없이 건강하게 생활하고, 충분하게 교육 받으며, 사회의 구성원으로서 정당한 권리를 누릴 수 있어야 해요. 나아가 빈곤 문제가 제대로 해결되려면 국가와 사회의 경제 불평등이 해소되어야 합니다.

그렇게 해서 빈곤 문제가 해결되면 개발도상국에서도 훌륭한 인재가 많이 길러져서 국가 발전을 위한 발판을 마련할 수 있어요. 또 자원이 막무가내로 파헤쳐지고 자연환경이 무분별하게 파괴되는 일도 멈출 수 있고요.

이처럼 빈곤 문제를 해결하는 것은 세계 경제 앞에 놓인 갖가지 과제를 푸는 첫걸음입니다. 그렇지만 해결하기 아주 어려운 문제예요. 빈곤한 국가와 개인이 스스로 해결하기는 불가능에 가깝지요. 앞서 살펴보았듯이 사회 불평등과 빈곤 문제는 인류의 오랜 경제 활동이 낳은 결과니까요. 따라서 국제 사회가 함께 비용과 노력과 시간을 들여 이 문제를 해결해 가야 해요.

실제로 유엔과 국제 사회는 지난 수십 년간 빈곤 문제를 해결하려고 노력해 왔습니다. 1990년 당시 전 세계적으로 절대 빈곤에 처해 있던 사람들의 숫자는 19억 명이었는데, 국제 사회의 노력 덕분에 2015년에는 그 절반 이하인 약 8억 명으로 감소했어요. 여전히 8억 명이나 되는 엄청난 수의 사람들이 절대 빈곤에 처해 있어 안타깝지만, 그래도 25년이라는 짧은 기간에 이룬 성과로는 매우 대단한 것이에요. 어떻게 이러한 성과를 만들 수 있었을까요? 이런 추세라면 빈곤 해결은 시간문제라는 희망이 생기지 않나요? 지금부터 국제 사회와 유엔이 이 문제를 해결하기 위해 어떤 노력들을 해 왔는지 살펴봅시다.

국제 개발을 위한 노력의 시작, 세계은행과 유엔개발계획

미국은 제2차 세계대전으로 완전히 무너진 유럽의 경제를 복구하기 위해 각종 자원을 원조했고, 이것이 국제 개발의 시작입니다. 덕분에 유럽은 폐허 속에서도 빠르게 되살아났어요. 물론 유럽 강대국은 그전까지 축적한 자산이 많았기 때문에 빠르게 회복할 수 있었어요. 이후로 국제 사회는 다른 가난한 국가들의 빈곤 문제를 해결하기 위해서도 노력을 시작했습니다.

유엔은 1960년대를 제1차 유엔경제개발 10년으로 삼고, 뒤이어 1990년대까지 10년 단위로 회차를 늘려 가면서 세계의 빈곤 문제를 해결하기 위해 열심히 노력했어요. 1970년 유엔 총회에서는 선진국 국가마다 국민총생산의 0.7%를 떼어 그 돈으로 가난한 나라를 돕자는 목표도 처음으로 채택했어요. 이 목표는 아직 달성하지 못하고 있지만 열심히 추진되고 있어요.

가난한 국가들의 경제 개발을 지원하는 대표적인 국제기구로 1946년에 설립된 국제부흥개발은행(IBRD)이 있습니다. 한 국가가 경제를 발전시키려면 투자할 돈이 필요해요. 그런데 가난한 국가는 대부분 그 돈조차 없어요. 국제부흥개발은행은 이러한 국가가 경제를 개발하는 데 필요한 돈을 빌려주는 일을 합니다.

그런데 국제부흥개발은행은 주로 정부와 공기업을 상대로 돈을 빌려줘요. 그러나 한 나라의 경제를 발전시키는 주체는 정부만이 아니에요. 기업이야말로 한 나라의 경제를 발전시키는 가장 중요한 엔진이라고 할 수 있어요. 그래서 일반 기업에도 돈을 빌려 주는 국제금융공사(IFC)가 1956년에 만들어졌어요.

한편 국제부흥개발은행은 어느 정도 신용이 있는 국가들에게만 돈을 빌려준다는 한계도 있었어요. 못사는 나라를 도와준다고는 하는데 돈을 갚을 능력조차 없는 정말 가난한 나라들은 돈을 빌릴 수가 없는 셈이었죠. 그래서 도움이 절실히 필요한 국가들에도 돈을 빌려주기 위해 1960년에 국제개발협회(IDA)란 기구가 만들어졌습니다.

국제부흥개발은행, 국제금융공사, 국제개발협회를

우리나라가 받은 경제 원조

우리나라도 유엔과 다른 나라들로부터 원조를 받은 덕분에 한국전쟁의 폐허 속에서 경제의 기틀을 다질 수 있었습니다. 광복 이후 우리나라가 받은 원조를 합치면 127억 달러나 된다고 해요. 특히 대가 없는 무상 원조를 받은 덕분에 끼니를 해결하고 경제를 재건할 수 있었어요. 한국전쟁 중에 설치된 유엔한국재건단(UNKRA)은 구호 물자를 전하는 한편으로 교통과 통신, 의료, 교육 시설을 새로 만드는 데 큰 힘이 되었답니다.

미국으로부터는 밀가루와 설탕을 비롯한 농산물을 원조 받아 이를 바탕으로 하는 산업이 기틀을 닦을 수 있었어요. 그러나 수입 농산물이 한꺼번에 많이 들어오면서 농산물 가격이 폭락해 농촌 경제가 붕괴되는 영향을 끼쳤다는 평가를 받기도 합니다.

국제 사회의 원조 덕분에 전쟁 직후인 1953년에 비해 1960년에는 국내총생산을 다섯 배로 늘릴 수 있었고, 자본주의 경제 체제가 빠르게 정착하는 효과를 얻었습니다.

경제를 위한 기술 유엔개발계획의 사업으로 중국 신장 지역에 풍력 발전기가 설치되었다.

통틀어 세계은행이라고 불러요. 세계은행은 가난한 국가가 꼭 필요한 돈을 빌려 경제를 발전시키는 데 쓸 수 있도록 머리를 맞대고 고민하고 있어요.

그러나 경제를 개발하려면 돈만 필요한 게 아닙니다. 경제가 발전하고 사람들이 가난에서 벗어나려면 여러 기술이 필요하고 다른 여건도 마련되어야 해요. 그래서 가난한 국가들이 필요한 기술을 얻고, 환경 여건을 만들 수 있도록 돕는 국제기구들이 있습니다. 유엔개발계획(UNDP)이 그중 대표적인 기구입니다.

이 기구는 가난한 국가들의 경제 개발을 돕던 다양한 유엔 기관을 하나로 통합해 1965년에 만든 거예요. 유엔개발계획은 가난한 나라의 사람들이 경제를 일으키고 사회를 발전시킬 수 있는 기술과 지식을 배우고 활용하도록 돕고 있지요. 한 나라의 경제·사회를 발전시키는 것은 간단한 일이 아니기 때문에 세계은행 같은 다양한 국제기구들의 힘을 한곳에 모으는 중요한 역할도 하고 있어요.

인간개발지수

국제 사회는 지난 50~60년 동안 아프리카, 남아시아, 남아메리카 등지의 개발도상국에 많은 경제 원조를 해 왔어요. 그럼에도 많은 나라는 경제적 빈곤 상태에서 여전히 벗어나지 못하고 있어요. 왜 이런 현상이 나타나는 걸까요?

크게 세 가지 이유를 꼽을 수 있어요. 첫째, 16~20세기에 서구 강대국들이 이 국가들의 자원을 뿌리째 수탈하고 사회 체제를 흔들어 놓았기 때문이에요. 둘째, 석유 자원과 금융 산업 사례에서 보았듯이 국제 사회의 원조와 별개로 자본주의 시스템에 따른 경제 수탈이 이어졌기 때문이에요. 셋째, 국제 사회의 지원이 각 국가의 실정에 맞지 않아 수박 겉핥기에 그쳤기 때문이에요.

빈곤 문제 국가의 부가 늘어도 빈곤 문제는 쉽게 해결되지 않는다

 이 중에서도 세 번째 문제는 경제 개발을 지원하는 유엔 기구들의 큰 고민거리예요. 예를 들어 빈곤에 시달리는 나라에 돈을 지원한다고 빈곤 문제가 간단히 해결되는 건 아니에요. 국가 전체의 소득이 높아져도 그 소득이 가난한 사람에게까지 골고루 돌아가는 대신 부유한 사람들의 부를 더욱 늘리는 경우도 많아요. 그러면 가난한 사람과 부유한 사람의 경제 격차는 더 커지고 빈곤 상황은 훨씬 더 나빠질 수 있겠지요.
 가난한 국가들을 어떻게 도와야 빈곤 문제를 해결할 수 있을까요? 그 방법을 찾으려면 왜 세계의 경제 불평등 문제를 해결하

유엔개발계획 프로젝트 미얀마 농촌 주민들이 고효율 난방 기구 만드는 법을 배우고 있다

려고 애쓰는지 다시 한번 생각해 볼 필요가 있습니다. 단순히 가난한 사람들이 돈을 잘 버는 모습을 보고 싶어서일까요? 아니에요. 한 나라의 경제를 발전시키려는 목적은 그 나라 국민들의 삶과 생활수준을 안정적이고 지속적으로 높여서 이들이 행복하게 잘 살도록 하기 위해서예요. 따라서 경제 여건을 개선하는 일은 매우 중요하고 필수적이지만, 빈곤 문제를 해결하는 중요한 수단일 뿐 최종 목적까지 될 수는 없어요.

이런 문제의식에 따라 국제 사회는 일차원적인 경제 지원에서 벗어나 삶의 여건들을 개선하는 데 필요한 요소들을 지원하는 방향으로 나아가고 있어요. 그래야만 비로소 빈곤 문제를 뿌리부터 해결할 수 있기 때문이에요.

그래서 유엔개발계획에서는 인간 개발을 빈곤 문제를 해결하는 새로운 목표로 세우고 실천하고 있어요.

사람이 한 나라의 진정한 부다. 개발의 기본 목표는 사람들이 오래, 건강하게, 창조적으로 살아갈 환경을 조성하는 것이다. (…) 인간 개발은 사람들에게 선택의 기회를 넓히는 과정이다. 건강하게 장수하는 것, 교육을 받는 것, 표준적인 삶에 걸맞은 자원을 누리는 것 등이다. 그 밖에 정치적 자유, 인권, 자기 존중 또한 이 선택의 범위에 해당한다.

_<인간 개발 보고서>(1990년) 중에서

인간 개발이란 사람이 사람답게 살 수 있도록 선택의 기회를 확대하는 것이에요. 사람들이 자기 삶을 스스로 개선하도록 다양한 선택의 기회를 주는 거지요. 물고기를 직접 잡아다 주는 게 아니라, 물고기 잡는 방법을 알려 주고 물고기를 잡을 수 있는 여건을 만들도록 돕는 것이지요.

삶을 개선하려면 자기에게 잠재된 능력을 스스로 발견하고 발전시킬 수 있어야 해요. 인간 개발 관점에서는 그러한 능력을 역

교육을 받을 역량 교육은 삶을 개선할 수 있는 인간의 기본적인 역량 중 하나이다. 유엔개발계획은 다양한 방법으로 개발도상국의 교육을 지원하고 있다

량이라고 합니다. 인간 개발은 사람들의 역량을 끌어내고 개발하는 일입니다. 아래는 사람들이 최우선으로 가져야 할 기본 역량으로 유엔개발계획이 꼽은 것들이에요.

1. 장수하며 건강한 삶을 살 수 있는 역량
2. 교육을 받을 역량
3. 인간다운 표준적인 삶을 살기 위해 필요한 서비스를 받고 그 자원에 접근할 역량
4. 자기 공동체에 영향을 끼치는 결정에 참여할 역량

이 네 가지 기본 역량을 개발할 기회조차 갖지 못하면 더 나은 삶에 필요한 다른 역량은 꿈도 꿀 수 없어요. 모든 사람에게는 적어도 이 네 가지 역량을 개발할 기회가 주어져야 해요.

이렇게 인간 개발의 관점으로 보면 빈곤을 단순히 경제적으로 부족한 상태로 보는 좁은 시각에서 벗어날 수 있어요. 즉 빈곤이란 경제적 불평등 때문에 개개인이 자기 잠재력을 발견하고 발전시킬 수 있는 기회를 빼앗긴 상태를 말하는 것이지요. 이제 빈곤을 어떻게 극복해야 할지도 좀 더 또렷해졌나요?

유엔에서는 인간 개발을 객관적으로 측정해 활용할 수 있도록 1990년부터 '인간개발지수(HDI)'를 발표하고 있어요. 인간개발지수를 처음 제안한 인도 경제학자 아마르티아 센은 세계의 많은 사람이 여전히 빈곤과 굶주림에 허덕이는 까닭은 생산성이 부족해서가 아니라 그 생산물이 잘못 분배되기 때문이라고 주

국가별 인간개발지수 순위 (2015)

순위	인간개발지수
1위	노르웨이
2위	호주, 스위스(공동)
4위	독일
5위	덴마크, 싱가포르(공동)
7위	네덜란드
8위	아일랜드
9위	아이슬란드
10위	캐나다, 미국(공동)
⋮	
17위	일본
18위	대한민국
⋮	
21위	프랑스
⋮	
90위	중국
⋮	
181위	남수단, 모잠비크(공동)
⋮	
186위	차드
187위	니제르
188위	중앙아프리카공화국

장했어요. 인간개발지수는 이런 문제의식을 기반으로 한 나라의 경제 수준과 평균 수명, 교육 성취도 같은 지표를 함께 고려해서 한 나라의 발전 수준을 평가해요.

이 자료를 보면 경제가 발전한 수준과 인간개발지수 순위가 대체로 일치해요. 그런데 경제적으로 가난해도 인간개발지수가 높은 나라도 있어요. 반대로 경제적으로 부유해도 인간개발지수가 낮은 나라도 있고요. 극소수 사람들이 재화를 독차지한 나라, 정치가 혼란한 나라, 부족이나 종교 간 갈등이 있는 나라, 남녀 차별 등으로 불안정한 상태에 놓인 나라들이 여기에 속해요. 때문에 경제가 발전해도 대다수 국민은 빈곤에 허덕이며 역량을 개발할 평등한 기회를 얻지 못해요.

한 나라의 인간개발지수를 높이려면 국제 사회는 어떻게 도와야 할까요? 우선은 경제의 기반이 되는 도로, 전기, 통신 같은 시설을 갖추도록 지원해야 해요. 기초가 튼튼해야 안정적이고 지속적으로 발전할 수 있으니까요. 다음으로 각 국가와 지역의 특성에 적합한 산업 분야를 파악해 그에 맞는 시설과 기술을 지원해야 해요. 예를 들어 농사짓기 힘든 지역에는 좋은 농작물 품종과 농업 기술을 지원해 봤자 별 의미가 없을 테니 다른 산업을 찾아 그에 맞게 지원해야 할 거예요. 그리고 경제적으로 지원하는 것뿐 아니라 인류가 지금까지 쌓아 올린 예술, 철학, 과학 같은 지적 유산도 이들 나라와 공유해야 해요. 그러려면 이 나라

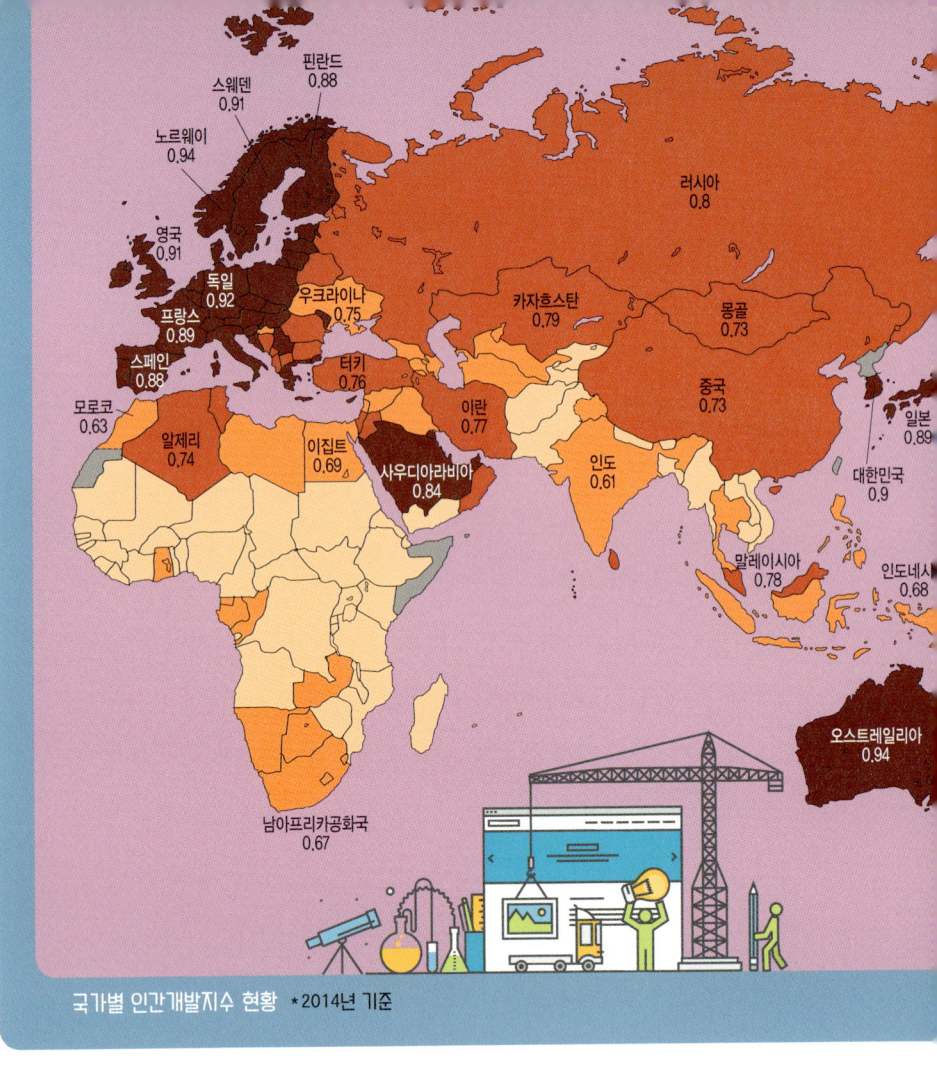

국가별 인간개발지수 현황 *2014년 기준

　국민들이 기초 교육으로 문자와 수리를 깨우치고, 출판 언론으로 지식과 의견을 나누고, 인터넷 등으로 세계인과 연결될 수 있도록 지원해야 해요.

　인간개발지수를 높이기 위한 지원 과정은 아주 오랜 기간 여

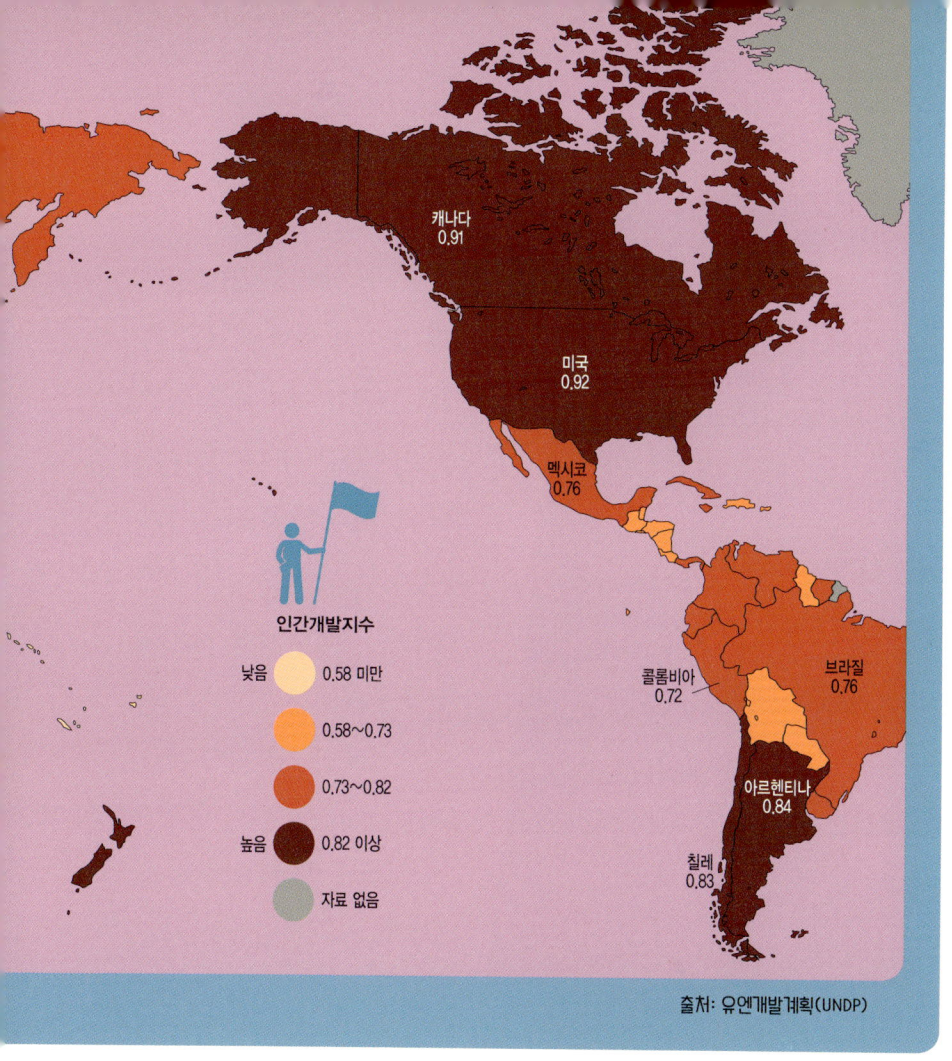

러 방면을 고려하면서 조심스럽게 이뤄져야 해요. 특히 지원하는 과정에서 대상이 되는 국가와 사회의 고유한 전통 문화를 해쳐서는 안 돼요. 그럼 인류의 보편적인 가치와 한 사회의 고유한 문화가 서로 부딪힐 때는 어떻게 해야 할까요? 이 문제 때문에

그라민 은행

국제 원조는 주로 국가를 대상으로 합니다. 그 나라의 국민들에게 직접 전달되는 것은 아니지요. 가난한 사람들은 돈을 갚을 능력이 없다고 여겨져 돈을 빌릴 수조차 없어요. 돈이 있어야 장사를 하든, 교육을 받든 할 텐데 말이에요.

방글라데시의 무하마드 유누스라는 학자는 이런 빈곤층을 위한 그라민 은행을 만들어 일인당 150달러 정도의 돈을 빌려주기 시작했습니다. 자립의 여건을 마련해 준 거지요. 실제로 대출 받은 거의 모든 이가 돈을 다 갚았고, 이들 중 절반 이상이 그라민 은행의 대출 덕분에 절대 빈곤에서 벗어났다고 합니다. 이 공로를 인정받아 유누스는 2006년에 노벨 평화상을 수상했습니다.

방글라데시의 그라민 은행을 이용하는 서민들

국제 사회와 현장 활동가들이 골머리를 앓고 있어요.

문제는 또 있어요. 인간개발 지수를 높이기 위한 지원은 개개인의 역량을 개발하고 행복도를 높이는 데 목적이 있다고 했어요. 따라서 제대로 지원하려면 한 사람 한 사람에게 최대한 가까이 다가가서 그들이 무엇을 요구하고 그들에게 무엇이 필요한지 파악해야 해요. 하지만 개발도상국의 모든 마을과 가정에 맞춤한 지원을 하기란 여간 어려운 문제가 아니에요.

이 밖에도 유엔 경제 개발 기구의 큰 고민이 또 있어요. 개발도상국은 대부분 1차 산업이 중심이 되는 나라들이에요. 그런데 이들 나라의 토지는 대부분 다국적 기업과 거대 지주가 소유하고 있어요. 다국적 기업과 거대 지주 들은 이 토지에 대규모 농장을 만들고 낮은 임금으로 지역 주민들을 고용해 농작물을 길러요. 그러고는 세계 시장에 이 농작물을 싼값에 팔아서 이윤을 남겨요. 1차 산업만 그런 게 아니에요. 2차 산업과 관련된 다국적 기업의 공장이 들어선 지역도 상황이 비슷해요. 이런 공장에서는 값싼 노동력으로 상품을 만들어 세계 시장에 내다 팔아요. 여기서 생기는 막대한 이윤은 대부분 다국적 기업의 수중에 들어가고, 지역 주민들의 생활 환경은 그다지 나아지지 않거나 때로는 이전보다 더 황폐해지기도 해요. 거대 기업의 욕심은 유엔의 지원보다 훨씬 크고 빠르고 교묘해서 세계 경제 불평등이 심해지는 주요 원인으로 손꼽힙니다.

세계 빈곤 문제를 해결하는 일은 이렇듯 굉장히 복잡하고 어려워요. 꾸준히 노력해 왔지만 기대만큼 성과가 좋았던 적은 그리 많지 않아요. 그럼에도 포기하지 않고 노력해야 해요. 이 문제는 우리 중 누군가의 삶과 죽음에 직접 맞닿은 너무나 중요한 문제이기 때문이에요.

국제 사회는 실패하더라도 그 과정에서 많은 교훈을 얻으며 더 나은 방법을 찾아 왔어요. 그래서 인간개발지수란 개념도 만들어 활용하게 됐고, 그 밖에도 많은 새로운 방식으로 노력을 거듭하고 있어요. 그중 대표적인 유엔 새천년 개발 목표를 소개할게요.

유엔 새천년 개발 목표

1990년대에서 2000년대로 넘어가던 때, 세계는 새로운 천 년을 맞아 기대와 막연한 불안으로 들떠 있었어요. 유엔은 2000년 55차 총회에 '새천년 총회'라는 특별한 명칭을 붙였어요. 그리고 이 총회와 함께 새천년 정상 회의를 기획했어요. 새천년을 맞이해서 전 세계 정상들이 마주 앉는 장을 마련한 거예요. 지구상에서 빈곤과 불평등을 줄이고 사람들의 실제 삶을 개선하기 위해 함께 고민하자고 말이에요.

이 자리에서 '새천년 정상 선언'이 만들어졌고 새천년 총회에서는 이를 만장일치로 채택했어요. 이 선언은 세계가 지금의 주요한 글로벌 문제들을 일정한 원칙에 따라 함께 긴밀히 협력해서 해결해 가기로 한 역사적인 선언이에요. 21세기를 맞이하여 앞으로 세계의 문제를 해결해 나갈 때 함께 지킬 기본 원칙과 목표 영역이 설정됐지요. 그리고 이 선언의 내용이 실천될 수 있도록 구체화하자는 요청에 따라 그 후 유엔 새천년 개발 목표 (MDGs: Millennium Development Goals)가 만들어졌어요.

반기문 유엔 사무총장은 2010년 새천년 개발 목표 정상 회의에서 이렇게 말했어요.

"유엔 새천년 개발 목표 여덟 가지는 획기적인 발전입니다. 우리는 극심한 빈곤을 함께 해결하기 위한 청사진을 만들었습니다

새천년 정상 회의 2010년 새천년 개발 목표 정상 회의에서 연설하는 반기문 유엔 전 사무총장

다. 우리는 실현 가능한 목표와 그 시간표를 정했습니다. (…) 이보다 더 소중한 글로벌 프로젝트는 없습니다. (…) 이 약속을 지키도록 노력합시다."

유엔 새천년 개발 목표는 세계 평화를 이루고 세계의 빈곤을 끝내자는 단순한 구호가 아니라, 2015년이라는 기한을 정해 놓고 매년 실제로 달성되었는지를 구체적으로 측정하도록 만든 획기적인 글로벌 목표예요. 2015년까지 달성할 8개의 주요 목표, 18개의 세부 목표, 48개의 측정 가능한 지표로 이루어졌지요. 여

여덟 가지의 주요 목표는 다음과 같았어요.

목표 ① 절대 빈곤과 기아 퇴치

목표 ② 보편적 초등교육 달성

목표 ③ 성평등과 여성 능력 고양

목표 ④ 아동 사망률 감축

목표 ⑤ 산모 건강 증진

목표 ⑥ 에이즈, 말라리아 및 기타 질병 퇴치

목표 ⑦ 지속 가능한 환경 보장

목표 ⑧ 개발을 위한 국제 파트너십 구축

새천년 개발 목표 유엔에서 발표한 새천년 개발 목표를 나타낸 여덟 가지 아이콘

새천년 개발 목표는 눈에 띄는 여러 성과들을 실제로 거뒀어요. 세계 빈곤율을 절반으로 줄이자는 목표와 안전한 식수를 구하기 힘든 인구의 비율을 반으로 줄이자는 목표를 달성했지요. 또 목표에 완전히 다다르지는 못했지만 5세 이하 유아 사망률을 반으로 줄였고, 개발도상국 아동의 초등학교 진학률을 91%까지 높였고요. 산모 사망률을 45% 줄였고, 620만 명이나 되는 사람들이 말라리아 처방을 받아서 목숨을 건질 수 있었어요. 특히 이렇게 목숨을 건진 사람들 대부분이 가난한 아프리카 국가에 사는 5세 미만 아이들이었다고 해요. 참으로 의미 있는 성과지요? 그리고 결핵 예방에 힘쏟은 활동 덕분에 3700만 명이 목숨을 건졌다고도 해요.

새천년 개발 목표에서 설정한 모든 목표를 완전히 다 달성하지는 못했지만, 이 목표 덕분에 인류는 세계를 놀랍도록 좋게 변화시켰어요. 그리고 무엇보다도 인류가 구체적인 목표를 만들고 달성하기 위해 똘똘 뭉친 경험은 처음이었어요. 그렇기에 그 결과로 거둔 성과는 비록 완전하지는 못해도 다른 어떤 역사적 경험보다도 소중한 것이지요. 이러한 경험들이 차곡차곡 쌓인다면 우리 인류는 더욱 높은 목표로 향해 한 걸음 한 걸음 나아갈 수 있겠지요?. 그래서 세계는 2015년에 끝난 새천년 개발 목표에 이어서 더욱 야심찬 '지속 가능 발전 목표'를 새롭게 설정하게 됩니다.

유엔 지속 가능 발전 목표

유엔 새천년 개발 목표는 2015년을 기한으로 끝날 예정이었기 때문에 국제 사회는 이를 잇는 글로벌 목표를 새롭게 설정하기로 합의했어요. 그리고 수년 동안 꾸준히 만나 상의한 끝에 2015년 9월에 열린 70차 유엔 총회에서 '우리가 사는 세상의 전환: 2030년까지의 지속 가능한 발전 의제'란 결과물을 만들어 발표했지요. 이 안에는 17개의 목표와 169개의 세부 목표로 구성된 '지속 가능 발전 목표(SDGs: Sustainable Development Goals)'가 담겼어요.

지속 가능 발전 목표는 새천년 개발 목표의 경험을 거울삼아

지속 가능 발전 목표 유엔에서 발표한 지속 가능 발전 목표를 나타낸 열일곱 가지 아이콘

만들어진 목표이자 약속이에요. 우선 새천년 개발 목표는 세계 시민사회와 충분히 의논하고 만들어진 결과물이 아니라 세계의 정상들끼리 모여 내용을 결정했다는 비판이 있었어요. 그래서 지속 가능 발전 목표를 만들 때는 세계의 수많은 시민이 몇 년간 참여해 목표의 내용을 함께 논의했어요.

그리고 새천년 개발 목표는 주로 가난한 나라의 빈곤을 중심으로 목표가 정해졌는데, 빈곤 문제는 가난한 나라만 대상으로 삼아 해결할 수 있는 문제가 아니에요. 선진국에도 심각한 빈부 격차 문제가 항상 존재하니까요. 그래서 국제 사회는 지속 가능 발전 목표에서는 최빈국뿐만 아니라 선진국에 존재하는 빈부 격차까지 다루면서 세계의 빈곤 문제를 보다 근본적으로 해결하고자 했어요. 따라서 이 목표를 달성한다는 것은 단순히 가난한 나라의 국민만을 위한 것이 아니라 선진국을 포함한 우리 모두를 위한 것이 되는 것이죠.

지속 가능 발전 목표는 2030년까지의 시한을 갖고 있어요. 이 기한 안에 목표를 달성하기 위해 세계는 더욱 똘똘 뭉치고 있습니다. 원래 공익을 추구하는 정부기관이나 시민단체만이 아니라 사익을 추구하는 민간의 기업들까지 합세해 더 나은 세상을 만들겠다는 공동의 목표를 향해 한마음으로 달려가고 있어요.

그렇다면 여러분은 지속 가능 발전 목표를 달성하는 데 어떻게 기여할 수 있을까요? 우선 지속 가능 발전 목표의 내용부터 잘 알아야겠죠? 지속 가능 발전 목표에 실제 어떤 내용이 담겨 있는지 함께 살펴봐요.

목표 ①
모든 곳에서 모든 형태의 빈곤을 종식시킨다.

목표 ②
기아를 종식하고, 식량 안보를 달성하며, 개선된 영양 상태를 달성하고, 지속 가능한 농업을 강화한다.

목표 ③
모든 연령층 사람들의 건강한 삶을 보장하고 웰빙을 증진한다.

지속 가능 발전 목표 5 성평등 달성 및 여성, 여아의 역량 강화

목표 ④
모든 사람을 위한 포용적이고 공평한 양질의 교육을 보장하고, 평생교육 기회를 증진한다.

목표 ⑤
성평등을 달성하고, 모든 여성과 여아가 자신의 능력을 발휘할 수 있도록 한다.

목표 ⑥
모두가 물과 위생 설비를 사용할 수 있도록 하고, 지속 가능한 유지관리를 보장한다.

목표 ⑦
모두가 가격이 적당하고 신뢰할 수 있는 지속 가능한 현대적인 에너지원에 접근하도록 보장한다.

지속 가능 발전 목표 6 모두를 위한 식수와 위생 시설 접근성 및 지속 가능한 관리 확립

목표 ⑧
모두를 위한 지속적·포용적·지속 가능한 경제 성장을 촉진하고, 생산적인 완전고용과 양질의 일자리를 증진한다.

목표 ⑨
복원력이 높은 사회 기반 시설을 구축하고, 포용적이고 지속 가능한 산업화를 증진하며 혁신을 장려한다.

목표 ⑩
국가 내·국가 간 불평등을 감축한다.

목표 ⑪
도시와 주거지를 포용적이고 안전하며 복원력 있고 지속 가능하게 보장한다.

지속 가능 발전 목표 13 기후변화와 그 영향을 대처하는 긴급 조치 시행

목표 ⑫
지속 가능한 소비 및 생산 양식을 보장한다.

목표 ⑬
기후 변화와 그로 인한 영향에 맞서기 위한 긴급 대응을 시행한다.

목표 ⑭
지속 가능한 발전을 위한 대양, 바다, 해양자원을 보전하고 지속 가능하게 사용한다.

목표 ⑮
지속 가능한 육상 생태계 이용을 보호·복원·증진하고, 삼림을 지속 가능하게 관리하며, 사막화를 방지하고, 토지 황폐화를 중지하고, 생물다양성 손실을 중단한다.

목표 ⑯
지속 가능한 발전을 위해 평화롭고 포용적인 사회를 증진하고, 모두가 정의에 접근할 수 있도록 하며, 모든 수준에서 효과적이고 책임성 있고 포용적인 제도를 구축한다.

목표 ⑰
이행 수단을 강화하고 지속 가능한 발전을 위한 글로벌 파트너십을 활성화한다.

국제금융공사(IFC) 한국사무소 대표
박준영

국제금융공사 한국사무소 박준영 대표님

✿ 국제금융공사가 어떤 곳인지 소개해 주세요. 세계은행 그룹의 다른 기관들과는 어떻게 다른가요?

제2차 세계대전이 끝난 뒤 황폐화된 유럽의 경제를 재건하기 위한 마셜 플랜이 실행되었고, 그 일환으로 1945년 국제부흥개발은행(IBRD)이 설립되었습니다. 처음에는 유럽 국가에 주로 지원했지만, 현재는 역할이 확대되어 전 세계 개발도상국에 자금을 지원하고 있습니다. 국제부흥개발은행의 자매 기구인 국제개발협회(IDA)는 저소득 국가의 경제 개발을 지원하기 위해 설립되었습니다. 두 기관이 정부를 상대로 자금을 융자해 주는 곳이라면, 국제금융공사(IFC)는 민간 기업을 대상으로 하는 기관이라고 할 수 있습니다. 여기에 다자간투자보증기구(MIGA), 국제투자분쟁해결센터(ICSID)까지 다섯 개 기관을 통칭하여 세계은행그룹이라고 부릅니다.

아시아, 중남미, 동유럽 등지의 개발도상국들은 아직 기술, 지식, 제도가 충분히 보급되지 않아 자금을 조달하기가 쉽지 않습니다. 국제금융공사는 개발도상국 민간 기업에 자금을 제공해 도로, 항만, 발전소, 통신 등 공공 시설을 건설하는 일을 돕고 있습니다. 이를 위해 국제금융공사는 현재 98개국에 104개의 사무소를 두고 있으며, 184개국에 투자하고 있습니다.

✿ 국제금융공사의 목표는 무엇인가요? 중요하게 생각하는 경제 정책이 있다면요?

세계은행의 공통적인 목표는 두 개입니다. 극심한 빈곤을 퇴치하는 것 그리고 부와 번영을 세계가 공유하는 것입니다. 국제금융공사는 이런 목표를 실현하는 데 정부의 역할 못지않게 민간 부문의 역할 또한 꼭 필요하다고 여깁니다. 민간 부문을 지원해 100개 이상의 국가에서 일자리 수백만 개를 창출하고 삶의 질을 개선하며 더 나은 미래를 구축한다는 구체적인 목표를 실현하고자 합니다. 현재 우리나라 정부 정책 중 하나이기도 한 포용적 금융, 즉 금융 소외 계층을

서울에서 열린 아시아금융포럼

포용하는 방안은 국제금융공사에서 오래전부터 고민해 온 것입니다. 우리나라에서는 당연하게 여기는 온라인 뱅킹이 캄보디아 같은 나라에서는 쉽지 않습니다. 인터넷 기반 시설이 갖춰지지 않았기 때문이죠. 이런 환경에서는 금융권에 접근하는 것 자체가 어렵습니다. 그래서 국제금융공사는 신흥 시장에서 더 많은 투자와 사업이 일어날 수 있도록 기본 환경을 갖추는 일에도 역점을 두고 있습니다.

✡ 국제금융공사는 주로 어떤 사업에 투자를 하나요?

국제금융공사의 투자금은 연간 17조 원 규모입니다. 이 중 3분의 1은 도로, 항만, 수력 발전, 태양광 등 기초 인프라에 투자합니다. 또 3분의 1은 신흥 시장에서 활동하는 은행에 투자함으로써 금융 문턱이 높아 투자를 받을 수 없었던 사업자들이 지원을 받을 수 있게 합니다. 영세 상공인, 여성 기업인, 중소도시 기업인, 친환경 프로젝트를 수행하는 사업자들이죠. 나머지 3분의 1은 일반 제조업에 투자하는데, 주로 혁신적인 기술과 아이디어를 가진 신생 기업을 지원합니다.

국제금융공사는 특히 기후변화의 속도와 영향을 줄일 수 있는 사업에 투자하고 있습니다. 기후변화는 인류의 미래를 좌우할 만큼 중요하고 커다란 이슈입니다. '그린 본드'라는 말 들어 보셨나요? 기업이나 은행은 사업에 필요한 자금을 얻기 위해 채권을 발행하는데요, 그린 본드는 재생 에너지, 고효율 에너지, 생물

IFC의 소액 대출로 사업을 시작한 인도의 여성

그린 본드 투자로 건설 중인 케냐의 풍력 발전소

다양성 보전 등 친환경 프로젝트에만 투자할 수 있게 한정된 채권을 말합니다. 세계 그린 본드의 최대 투자자 중 하나가 바로 국제금융공사입니다.

✦ 우리나라도 과거 세계은행의 원조를 받았다고 들었습니다 국제금융공사 한국사무소는 현재 어떤 일을 하고 있나요?

우리나라에 국제금융공사 사무소가 설립된 것은 이번이 세 번째입니다. 첫 번째 설립의 목적은 한국전쟁 이후 황폐화된 우리 경제를 재건하기 위한 자금 원조였습니다. 두 번째 설립은 IMF 금융 위기를 극복하고자 국내 주요 기업에 투자하는 것을 목적으로 했습니다. 엘지전자, 하림, 국민은행 같은 기업이 당시 투자를 받았습니다. 두 차례 원조를 통해서 우리나라 경제는 자립할 수 있는 힘을

KEB하나은행 미얀마 법인의 마이크로 파이낸스

얻었습니다.

세 번째로 4년 전에 다시 사무소를 열었습니다. 이번에는 우리나라 기업들이 해외 신흥 시장으로 진출할 수 있도록 독려하고 사업에 공동 투자하는 것이 주요 목적입니다. 올해 국제금융공사 한국사무소는 KEB하나은행 미얀마 법인의 마이크로 파이낸스, 즉 소액 대출 사업에 투자했으며, 남부발전과 대림에너지가 요르단에 건설하고 있는 풍력 발전에도 투자했습니다. 단순히 자금만 투자하는 것이 아니라 개발도상국의 변화하는 정치적, 경제적 상황에 기업이 대응할 수 있도록 자문과 법률 지원 등에도 힘쓰고 있습니다.

요르단 전력공사와 남부발전이 계약을 체결하는 모습

이렇게 우리나라는 전 세계에서 최초로 수혜 국가에서 지원 국가로 변화한 나라입니다. 경제적으로 빠르게 성숙한 모습을 보여 준 드문 예라고 할 수 있습니다.

✪ 한국의 기업이나 투자자 들이 세계 경제에 어떤 역할을 해야 한다고 생각하세요?

우리나라 경제는 과거에 비해 크게 성장했습니다. 따라서 우리나라 기업들도 세계의 빈곤 퇴치나 공동의 번영에 관심을 기울이고 책임을 가져야 한다고 생각합니다. 특히 우리나라는 해외에서 큰 사업을 벌이는 기업이 많습니다. 삼성전자만 해도 베트남에 가장 큰 핸드폰 공장을 가지고 있지요. 베트남 수출액의

20% 이상도 한국 기업의 제품입니다. 우리나라 기업들은 눈에 보이는 성과만을 중요시하는 경향이 있습니다. 매출이나 이익도 중요하지만 환경, 사회, 책임 경영 같은 가치를 가꾸는 데 힘쓸 필요가 있습니다. 이산화탄소 배출량을 줄이고 지배 구조를 향상시키는 것이 앞으로는 기업의 경쟁력을 높이고 더 많은 투자를 이끄는 역할을 할 것입니다.

✿ **이 책을 읽는 어린이 독자들에게 들려주실 말씀이 있다면요?**
제가 해외에 거주할 때, 어른이나 아이 할 것 없이 세계 곳곳에서 일어나는 일에 관심을 많이 가지는 것을 보고 놀랐습니다. 교회에서 기도를 할 때도 개인적인 소망이나 집안의 대소사를 이야기하기보다 시리아 난민을 위해 기도하는 식이지요. 우리나라에서는 국제 문제에 관심이 상대적으로 적은 것 같습니다. 세계는 점점 한 마을이 되어 가고 있습니다. 더구나 어린이 여러분은 전 세계 또래 친구들과 같은 이슈와 정서, 가치관을 공유하는 세대입니다. 세계 곳곳에서 일어나는 일에 관심을 갖고, 각각의 이슈가 발생하게 된 배경이나 현황을 자세히 살펴보기를 권합니다.

인터뷰 2018년 12월 19일
국제금융공사 한국사무소 홈페이지 www.ifg.org/korea

3
환경과 생태

지구 위의 모든 생명체는 지구 환경의 너그러움에 의존해 살아가고 있어요. 인류의 문명사회 역시 지구 환경의 자원을 잘 활용한 덕분에 이룩됐지요. 그런데 사회의 규모가 커지는 만큼 우리가 끌어다 쓰는 환경 자원도 굉장히 많아졌어요. 더 부자가 되고 편리해지고 싶은 사람들의 욕심도 점점 커져 갔고요. 이제 우리는 지구 환경에 의존하는 것을 넘어서 파괴하는 지경에 이르렀어요.

지구는 고통스럽게 신음 소리를 내고 있어요. 최근 들어 세계 곳곳에서 온갖 기상 이변이 일어나고 있어요. 한편에서는 엄청나게 비가 쏟아져서 온 마을이 물에 잠기는가 하면, 한편에서는 가뭄과 더위로 땅이 타들어 가요. 해수면이 상승해서 섬이 물에 잠기고, 기록적인 추위와 폭설로 온 나라가 꽁꽁 얼어붙었다는 소식도 일상적

인 뉴스가 되었어요. 이뿐만이 아니에요. 바다는 온갖 쓰레기로 뒤덮이고, 동물들은 인간이 버린 플라스틱 쓰레기를 먹고 죽어 가고 있어요.

이 모든 현상의 원인 뒤에는 우리 인간들이 있어요. 지구 환경에 대한 위기의식은 어제오늘 이야기가 아니에요. 그런데도 우리는 왜 아직까지 지구 환경을 파괴하는 속도를 늦추거나 멈추지 못하는 걸까요?

아직도 너무 많은 사람이 우리가 만들어 낸 환경 파괴 문제의 심각성을 충분히 느끼거나 알지 못하고 있기 때문일 거예요. 이 문제를 해결하려면 많은 사람이 지금의 편리함을 어느 정도는 포기할 줄 알아야 하는데, 문제 자체를 잘 모르고 느끼지 못하는 상황에서라면 쉽지 않겠죠? 지금부터 우리가 처한 환경 문제가 얼마나 심각한 상황인지 그리고 앞으로 우리는 이 문제를 어떻게 해결해 나갈 수 있는지 자세히 알아볼게요.

환경 전문가들은 지금처럼 지구 환경이 파괴되면 머지않아 인류도 무사하지 못한다고 강력하게 경고하고 있어요. 이 책을 읽는 여러분이 바로 우리 인류와 지구의 희망이 될 거예요.

> **기후변화**

캐나다 북부에 처칠이라는 마을이 있어요. 이곳에는 사람보다 북극곰이 더 많이 살아요. 북극해가 어는 겨울이면 북극곰들이 북극으로 이동하는 장면을 볼 수 있는 곳이지요. 그런데 과학자들은 처칠 마을의 북극곰들이 2050년에 멸종할 거라고 경고했어요. 북극곰들은 왜 멸종 위기에 빠진 걸까요?

바로 '지구 온난화'라는 기후변화 때문이지요. 지구 온도가 올라가면서 북극의 눈과 얼음이 녹고 있어요. 눈과 얼음이 사라지면 북극곰이 사냥하는 데 아주 불리해요. 하얀 북극곰은 눈이나 얼음 뒤에 숨어 있다가 바다표범이 숨을 쉬려고 물 위로 머리를 내밀 때 재빨리 사냥하는데, 눈과 얼음이 사라지면서 몸을 숨길 수 없게 되었어요. 그 탓에 번번이 사냥에 실패해서 굶어 죽는 북극곰이 부쩍 늘었답니다. 또 북극곰은 빙하 조각을 타고 바다로 나가서 바다표범을 사냥하기도 하는데 빙하 조각이 너무 빨리 녹는 탓에 물에 빠져 죽곤 해요. 이렇게 굶주리다 보니 심지어 북극곰이 다른 북극곰을 잡아먹기도 한대요.

북극곰뿐일까요? 북극 환경에 적응해서 사는 모든 생물이 위험에 빠져 있어요. 북극에는 꽁꽁 언 얼음만 있는 게 아니에요. 플랑크톤, 이끼, 물고기, 새, 포유류 등 무려 2만 1000여 종의 생명이 북극에서 살고 있어요. 지금처럼 온도가 빠르게 올라간다

북극곰 캐나다 처칠 지역의 북극곰들

면 2030년 무렵에는 북극의 얼음이 여름철에 모두 녹아 없어진다고 해요. 그러면 이곳에서 오랫동안 살아온 생물들 대부분은 소중한 터전을 잃게 되겠죠.

더 큰 문제는 그 심각한 영향이 북극에만 국한되는 게 아니라는 점이에요. 지구 전체에도 기후 재앙이 일어날 거예요. 북극 얼음은 에어컨처럼 지구 전체의 기온을 조절하고 바다와 대기의 흐름을 조절하는 중요한 역할을 하고 있기 때문이에요. 전문가들은 북극 얼음이 사라질수록 이상기후가 전 지구적으로 더 극성을 부리게 될 것이라고 예측합니다. 실제로 이미 그런 징후들이 발생하고 있고요. 우리나라도 예외는 아니에요. 2017~2018년 겨울에 북극의 찬 공기가 내려와서 우리나라는 기록적인 한파를 겪었죠. 원래 북극의 찬 공기는 제트기류에 가로막혀 더 아래로는 내려오지 못했는데, 지구 온난화로 제트기류가 약해져 한반도에 혹한이 닥친 거예요.

게다가 극지방의 얼음이 녹는 만큼 해수면도 상승하고 있어서 전 지구적으로 매우 심각한 문제가 일어나고 있어요.

"우리는 해수면보다 딱 1.5미터 더 높이 있습니다. 그보다 1밀리미터만 더 해수면이 상승해도 몰디브 사람들 모두가 휩쓸려 갈 것입니다."

인도양에 위치한 아름다운 섬나라 몰디브의 모하메드 나시드 대통령이 한 말이에요. 그도 그럴 것이 해수면은 1961년부터 2003년까지 매년 약 1.8밀리미터씩 높아졌다고 해요. 지구 온난화의 영향이지요. 전문가들은 이대로라면 21세기 말에는 해수면이 지금보다 18~55센티미터 더 높아질 것이라고 예측해요. 유엔은 몰디브가 2100년에는 물에 잠기게 될 거라고 경고했어요. 그래서 나시드 대통령은 위와 같이 국제 사회에 호소한 거예요. 그는 2009년에 장관들과 함께 잠수복을 입고 바닷속에서 국무회의를 열기도 했어요. 이제 곧 물에 잠기게 될 몰디브의 처지를 세

투발루 해수면 상승으로 섬이 사라져 가자 투발루 사람들의 삶은 위협받고 있다

계에 효과적으로 보여 주기 위한 것이었어요.

남태평양의 섬나라 투발루는 이미 아홉 개 섬 중 일부가 물에 잠겨 사라졌어요. 2001년에는 수도 푸나푸티마저 바다에 잠겼고, 투발루 정부는 결국 국토를 포기하겠다는 선언까지 했어요. 삶의 터전이 사라지자 투발루 국민들은 가까운 호주나 뉴질랜드 등으로 이주해야 하는 처지가 됐어요.

지구 온난화는 북극이나 남태평양 섬나라만의 문제가 아니에요. '아프리카의 지붕'으로 불리는 킬리만자로산에도 심각한 영향을 미치고 있어요. 킬리만자로 정상을 신비롭게 감싸 온 만년설이 지구 온난화의 영향으로 거의 다 녹아 사라진 거예요. 1912년부터 2003년까지 90년 동안 만년설의 80%가 녹아 없어졌다고 해요.

이 만년설은 그동안 조금씩 녹으면서 산 아래 강으로 깨끗하고 풍부한 물을 공급해 왔어요. 그런데 만년설이 빠르게 녹아 증발하는 바람에 산 주변 아프리카 국가들에서는 물이 부족해져 여러 어려움을 겪게 됐어요. 물 문제는 곧 식량 문제와 이어져 가뜩이나 식량난에 허덕이는 나라들을 더욱 힘들게 만들었지요.

이렇게 지구 온난화는 태평양의 섬나라에서 아프리카까지 세계 곳곳에서 다양한 어려움과 문제를 일으키고 있어요. 그러면 이 지구 온난화가 무엇인지 좀 더 자세히 알아볼까요?

지구 위 모든 생명의 근원은 태양이라고 할 수 있어요. 태양 복사 에너지가 지구까지 도달하면 식물이 이를 에너지로 전환해서 살아가요. 그리고 이 식물을 먹고 초식동물이 살아가고, 초식동물을 먹이로 하는 육식동물도 살게 되지요.

태양 복사 에너지는 지구에 도착할 때 가장 먼저 대기권과 만나 30% 정도가 튕겨 나가고 나머지가 지구 표면에 다다릅니다. 대기권은 지구의 열에너지가 우주로 빠져 나가는 것을 조절하는 역할도 해요. 대기권에 존재하는 온실가스가 지구에서 방출되는 열에너지 중 일부를 가두기 때문에 지구 온도가 일정하게 유지되는 거지요. 온실가스 덕분에 지구는 평균 기온을 영상 15도 정도로 유지합니다. 온실가스가 없으면 지구의 평균 기온은 영하 18도까지 내려가 지구에는 추운 겨울만 이어질 거예요. 이처럼 온실가스가 지구 온도를 일정하게 높여 주는 현상을 온실 효과라고 합니다.

지구 온난화에 가장 커다란 영향을 끼치는 온실가스는 바로 이산화탄소예요. 지난 1만여 년 동안 대기 중의 이산화탄소는 280피피엠 정도를 유지했어요. 그런데 최근 200년 동안 이산화탄소 농도가 급속히 늘어 2016년에는 400피피엠을 넘었어요. 이대로라면 2030년에는 450피피엠까지 올라갈 거라고 해요. 일반적인 자연 현상이라기에는 이산화탄소 농도가 너무 빠르게 오르고 있어요. 결국 우리 인간이 만든 결과죠.

여러분 중에 햄버거 좋아하는 사람 많죠? 그런데 여러분이 먹는 햄버거 패티가 소고기로 만든 거라면 여러분도 지구 온난화에 적지 않은 영향을 미치고 있는 거예요. 소가 방귀를 뀌거나 트림을 할 때 메탄이 나오는데, 소 한 마리가 1년에 이렇게 뿜는 메탄이 무려 약 85킬로그램이나 된다고 해요. 사람들이 소고기를 많이 사 먹으면 소를 더 많이 사육해야 하니 메탄도 더 많이 발생하겠죠.

대기 중에 이산화탄소나 메탄 같은 온실가스 농도가 높아지면 지구 밖으로 방출되지 못한 열에너지도 증가해요. 그러면 지

소고기와 지구 온난화 소 한 마리가 1년에 배출하는 메탄은 85킬로그램에 이른다

구 온도는 그만큼 더 올라가요. 실제 지난 130년 사이에 지구 표면의 평균 온도는 0.85도 상승했다고 해요. 1도도 안 되는 정도로 기온이 상승해도 지구는 곳곳에서 기상 이변에 시달려요. 이대로 1도 높아지면 양서류는 모두 멸종 위기에 처하고 2도 높아지면 생물 중 20~30%가 멸종 위기에 처한다고 해요. 그런데 전문가들은 21세기에 지구 평균 온도가 1~6도 오를 수 있다고 경

고하고 있으니 정말 심각한 위기인 거예요.

　미국 항공 우주국은 최근 2017년을 기상관측 사상 두 번째로 더웠던 해라고 발표했어요. 역사상 가장 더웠던 다섯 해는 모두 2010년 이후였지요. 그런데 지구 온난화가 단순히 지구가 뜨거워지는 것만을 의미하지는 않아요. 지구 전체적으로는 더워지지만 어떤 지역은 심하게 추워지기도 해요. 날씨를 더울 때는 너무 덥게, 추울 때는 너무 춥게 하는 게 바로 지구 온난화지요. 가뭄이 올 때는 너무 심한 가뭄이 들게 하고 태풍이 올 때도 훨씬 심한 강풍과 비를 몰고 오기도 하고요. 사계절이 있는 우리나라는 특히 이 현상을 다양하게 겪고 있어요. 여름에는 지나친 폭염이 발생한다거나 거센 태풍이 닥치기도 하고, 겨울에는 북극이나 시베리아 지방에서 내려온 지나친 한파로 문제가 생기고 있죠. 이렇게 지구 온난화라는 기후변화는 우리가 당장 직면한 심각한 현실이랍니다.

　인류는 기후변화를 일으키는 온실가스를 왜 이렇게 많이 배출하게 됐을까요? 그 이유는 역사적으로 살펴볼 수 있어요. 우리 문명을 지금과 같이 발전시키는 과정에서 발생한 일이거든요. 18세기 중반, 증기기관이 발명되고 개량되면서 산업혁명이 일어났어요. 증기기관을 이용하는 공장 기계로 수많은 상품이 생산되었고, 증기기관으로 움직이는 배는 이 상품들은 세계 곳곳으로 실어 날랐죠. 증기기관은 물을 뜨겁게 데워 수증기의 힘으로

기후 난민과 환경 난민

앨 고어 미국 전 부통령은 "얼음이 녹아 해수면이 1미터만 상승해도 1억 명의 기후 난민이 발생할 것이다."라고 예견한 적이 있습니다. 기후 난민은 기후변화라는 자연의 힘으로 발생한 환경 난민입니다. 환경 난민이란 환경 오염, 이상 기후, 대규모 자연재해 등으로 인해 불가피하게 고향을 떠나야 하는 사람들을 말합니다.

환경 난민이란 용어는 1985년 유엔환경계획(UNEP) 보고서에서 처음 사용된 이후로 널리 사용되고 있습니다. 환경 난민의 유형은 지구 온난화, 해수면 상승 같은 '장기간에 걸친 환경 변화'와 지진, 화산 폭발 등의 '갑작스러운 환경 변화', 산업적, 화학적 재난 등의 '환경 사고'로 인한 경우까지 크게 세 가지로 나뉩니다.

환경 난민의 수는 1998년에 전쟁 난민의 수를 넘어섰으며 이 상태라면 2050년에는 약 1억 명의 환경 난민이 발생할 거라고 전문가들은 예상하고 있습니다. 따라서 환경 난민과 기후 난민은 앞으로 전 세계가 더욱 긴밀히 협력하여 잘 풀어 가야 할 중요한 문제입니다.

홍수로 집을 잃은 소말리아 난민들이 케냐로 피신하고 있다

화석 연료 인류 문명의 발달을 가져온 화석 연료는 대기 중으로 엄청난 양의 이산화탄소를 배출해 지구 온난화를 불렀다

엔진을 움직여요. 이때 물을 데우는 데 석탄을 이용했지요. 19세기 후반부터는 석유가 새로운 에너지 자원으로 떠올랐어요. 석탄과 석유 같은 화석 연료가 없었다면 인류 문명은 결코 오늘날처럼 발전하지 못했을 거예요.

그런데 화석 연료에는 몇 가지 심각한 문제가 있어요. 무엇보다 석탄과 석유를 태우면 이산화탄소가 발생합니다. 2017년에 발생한 325억 톤가량의 이산화탄소 중 70% 이상이 석탄과 석유를 사용해서 생긴 겁니다. 그러니 지금의 지구 온난화라는 기후변화는 일차적으로 무분별하게 산업 활동을 해 온 우리 인간들에게 책임이 있어요. 특히 산업혁명을 처음 시작하여 주도한 현재 선진국들의 '역사적 책임'도 결코 무시할 수는 없겠죠.

오존층 파괴

지금까지 살펴본 기후변화 문제는 우리가 주목해야 할 커다란 글로벌 이슈예요. 그런데 그에 못지않게 주목해야 할 글로벌 이슈가 또 있어요. 바로 오존층 파괴 문제예요. 1985년, 사진 한 장에 전 세계가 들썩였어요. 미국의 기상 위성 님버스 7호가 관측하여 컴퓨터 그래픽으로 재구성한 사진 속 남극 상공에는 오존층에 커다란 구멍이 뚫려 있었기 때문이에요.

오존층이란 지구 대기 중에 오존 물질이 얇은 막처럼 지구를 감싼 층을 말해요. 지구 표면에서 20~30킬로미터 위에 0.3센티미터 두께로 형성되어 있어요. 태양에서 내리쬐는 자외선을 흡수해서 지구의 생명체들이 안전하게 살 수 있게 해 주는 매우 중요한 방패막이예요. 오존층에 구멍이 뚫려 자외선이 곧바로 지구로 도달하면 생물들은 피부암에 걸리거나 면역 체계가 손상될 수 있어요. 오존층이 없으면 모든 동식물은 더 이상 지구에서

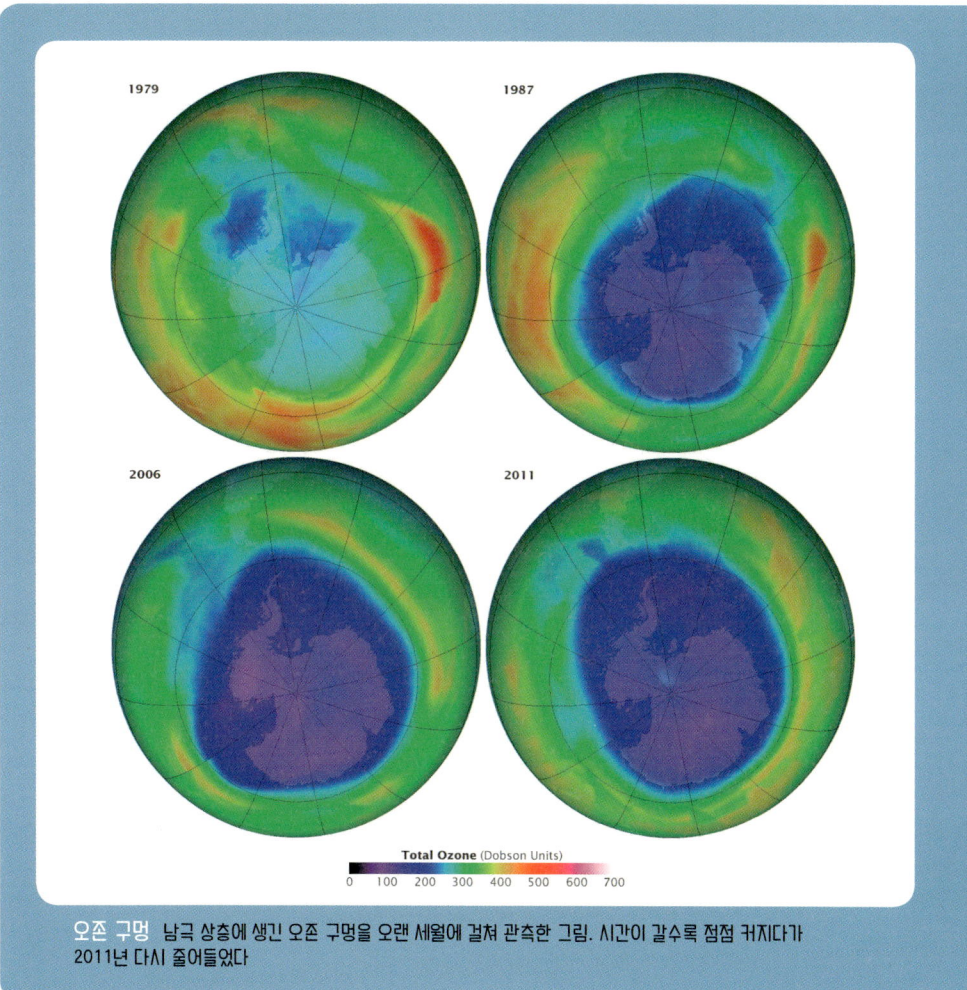

오존 구멍 남극 상층에 생긴 오존 구멍을 오랜 세월에 걸쳐 관측한 그림. 시간이 갈수록 점점 커지다가 2011년 다시 줄어들었다

살 수 없어요. 그런데 이 소중한 오존층이 남극 상공에 미국 대륙 크기만큼이나 크게 뚫린 거예요. 문제가 발생했으니 원인을 파악하는 게 우선일 거예요. 원인은 꽤 일찍 예견됐었어요. 1974년

화학자 셔우드 롤런드와 마리오 몰리나가 공업용 화학 물질인 염화불화탄소, 곧 프레온가스가 오존층을 심각하게 파괴한다는 연구 결과를 발표했던 것이죠.

1930년대에 공업용으로 개발된 프레온가스는 사람에게 해도 입히지 않고 냄새도 없고 불에 타지도 않고 화학적으로 매우 안정적인 물질이에요. 그래서 주로 냉장고나 에어컨의 냉매로 쓰이고, 반도체나 정밀 부품의 먼지를 제거하는 세척제, 스프레이 분사제 등 다양한 산업 분야에서 여러 용도로 쓰였어요.

그런데 프레온가스는 화학적으로 안정적인 성질 때문에 대기 중에서도 흩어지지 않은 채 오존층까지 올라가요. 거기에서 비로소 태양의 강력한 자외선을 받고 분해됩니다. 이때 프레온가스가 화학 작용을 일으켜 오존층도 함께 파괴해요. 적은 양의 프레온가스로도 연쇄 반응을 일으켜 아주 많은 오존 물질을 파괴합니다. 그러다 보니 결국 남극 상공에 미국 대륙만큼이나 큰 오존 구멍이 만들어진 거예요.

그런데 왜 하필 남극 상공의 오존층이 크게 파괴되었을까요? 프레온가스를 많이 사용하는 곳은 산업이 발달한 북반구 지역인데 말이죠. 겨울철 남극 하늘은 기온 변화가 없고 아주 추워요. 또 대기가 남극을 중심으로 동그라미를 그리며 머무릅니다. 이때 프레온가스는 겨울철 남극 하늘에 가득 모여 오존층까지 올라가요. 그러다 봄철에 날이 풀리면서 프레온가스가 분해되고,

더불어 오존층까지 파괴하는 것이죠.

프레온가스로 오존층이 심각하게 파괴되자 국제 사회는 이 문제를 해결하기 위해 본격적으로 움직이기 시작했어요. 우선 1977년에 유엔환경계획(UNEP)과 세계기상기구(WMO)가 함께 오존층의 변화를 조사하기 시작했어요. 1981년부터 유엔환경계획은 각계 전문가들을 모아 오존층을 보호하기 위한 계획을 세웠어요. 그리고 1985년에 오존층 보호를 위한 비엔나 협약을 체결했습니다. 프레온가스를 비롯한 오존층 파괴 물질을 규제하기 위한 국제 사회의 기본 방침이 정해진 거예요.

나아가 1987년에 유엔환경계획이 주도해서 이 협약을 보충하는 오존층 파괴 물질에 관한 몬트리올 의정서를 채택했습니다. 오존층을 파괴하는 물질을 콕 집어, 이를 생산하거나 사용하는 것을 줄이고 규제하는 내용이 의정서에 담겼어요. 몬트리올 의정서는 여러 차례 조정을 거쳐 매우 엄밀하고 구체적으로 오존층 파괴 물질을 규제해 갔어요.

이러한 노력으로 현재 세계 많은 국가에서 프레온가스를 더 이상 사용하지 않아요. 덕분에 2010년에 세계기상기구는 오존층 파괴 현상이 멈췄다는 반가운 소식을 전했어요. 이 때문에 몬트리올 의정서는 가장 성공적인 국제 환경 협약으로 손꼽힙니다.

그럼 이제 오존층은 안전하게 보전되고 있을까요? 아쉽게도 그렇지 않아요. 여전히 경제적인 이유로 몰래 프레온가스를 쓰

세계 오존층 보호의 날

1994년에 유엔은 몬트리올 의정서가 채택되었던 9월 16일을 '세계 오존층 보호의 날'로 지정했습니다. 매년 이날을 기념하며 오존층 보호에 대한 일반 시민들의 의식을 일깨우고 오존층을 보호하기 위한 여러 실천을 격려하고 있습니다. 우리나라에서는 환경관리공단에서 운영하는 기후변화홍보포털(www.gihoo.or.kr) 사이트에서 매년 세계 오존층 보호의 날을 홍보하고 있습니다.

우리나라는 프레온가스를 더 이상 사용하지 않지만, 오존층을 파괴하는 다양한 화학 물질은 여전히 냉장고, 에어컨 등의 냉매, 건축 단열재, 반도체 세척제, 소방용 약제, 스프레이 화장품 등에 이용되고 있어요. 지구의 미래를 위해 주변을 돌아보는 지혜가 필요한 때입니다.

고 있다는 의심을 받는 나라들이 있어요.

게다가 프레온가스를 대체하는 화학 물질은 또 다른 역효과를 내요. 프레온가스를 대체하는 물질로 수소불화탄소가 주로 쓰이는데, 수소불화탄소는 이산화탄소보다 수백 배에서 수만 배 강력한 온실 효과를 불러일으키는 물질이에요. 지구 온난화의 새로운 주범이 등장한 셈이지요. 그래서 현재 국제 사회는 수소불화탄소 또한 사용을 규제하면서 이를 대신할 다른 화학 물질을 개발하고 있어요.

열심히 연구해서 새로운 화학 물질을 만들어도 지구 환경에 어떤 영향을 끼칠지

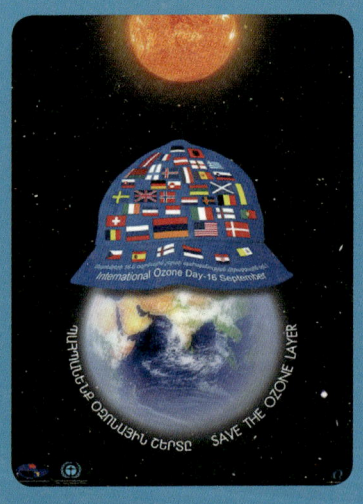

세계 오존층 보호의 날을 홍보하는 포스터

수소불화탄소 감축 2016년 몬트리올 의정서 28차 회의에서는 전 세계 197개 나라가 수소불화탄소 사용 감축에 합의했다

는 알기 어려워요. 예상하지 못한 또 다른 피해를 가져올 수도 있겠죠. 그러나 화학 제품 없이는 지금의 편리한 문명사회가 유지되기 어려울 거예요. 위험할 수 있다고 한 번에 싹 다 없앨 수는 없겠죠. 문명의 편리함을 누리는 것과 소중한 지구를 지키는 것 사이에서 조화를 찾아야만 해요. 그 첫걸음이 바로 이런 화학 제품의 위험성을 잘 알고 민감하게 대응하는 거예요.

해양 오염

바다는 지구 표면의 70% 이상을 차지해요. 바다는 지구상에서 최초로 생명이 탄생한 곳이며, 플랑크톤, 해조류, 어류, 포유류, 파충류, 갑각류 등 수많은 생명체가 살아가는 곳이에요. 바닷물은 끊임없이 일정하게 움직여요. 이를 해류라고 하지요. 해류는 바닷물의 염도와 온도를 조절하고, 해양 생태계를 다양하게 변화시키며, 나아가 지구 온도를 조화롭게 유지해요. 또 육지의 물은 모두 바다로 모이고, 이 물은 다시 태양열로 수증기가 되어 대기 중으로 올라갔다가 비와 눈으로 내려요. 이처럼 바다는 지구에서 물이 순환하는 과정에 결정적인 역할을 하면서 대륙과 해양의 에너지 균형을 맞추고 지구 생명체들이 살아가는 데 도움을 주지요.

바다는 지구 환경을 유지하는 데도 꼭 필요한 역할을 해요. 기본적으로 물은 오염 물질을 희석해 깨끗하게 만드는 능력이 있어요. 육지의 강이나 하천에 흘러든 오염 물질은 물에 씻기고 모래, 자갈에 걸러지고 수중 생물이 먹어치워 깨끗해져요. 그리고 모든 강과 하천은 바다로 흘러드는데, 바다는 육지보다 훨씬 크고 깊기 때문에 웬만한 오염 물질은 정화할 수 있어요. 바다의 자정 능력 덕분에 지구 생명체는 깨끗한 환경에서 살아갈 수 있지요.

그런데 인간이 일으킨 문제 때문에 바다의 자정 능력에 큰 문제가 생겼어요. 바다는 자연 상태의 오염 물질, 즉 유기화합물을 정화하는 능력은 뛰어나지만 인간이 만든 화학 물질과 산업 폐기물을 분해하는 데는 한계가 있어요. 플라스틱, 공업 폐수, 대기 오염 물질, 중금속……. 인간이 만든 이런 오염 물질이 바다로 흘러들면 어떤 일이 벌어질까요? 인간이 일으킨 끔찍한 해양 오염 사례를 지금부터 살펴볼게요.

석유 유출

석유를 에너지 자원으로 사용하고부터 석유와 관련된 사건 사고가 끊이지 않고 있어요. 석유는 한번 화재가 나면 피해가 엄청나고, 또 자연 상태에서 잘 분해되지 않는 성질 때문에 한번 엎질러지면 물과 토양을 송두리째 오염시켜요.

20세기 이후에는 석유와 관련된 해양 사고가 아주 많이 일어났어요. 바다를 항해하는 배가 고장 나거나 부서지면서 연료 탱크의 기름이 바다로 퍼져 나간 경우는 셀 수 없을 정도로 많아요. 더 끔찍하게는 석유를 가득 실은 운반선에서 사고가 나거나 바다 위로 석유를 파 올리던 석유 시추선에서 사고가 나 엄청난 석유가 바다로 유출되는 경우도 적지 않았지요.

대표적인 예로 1989년 일어난 엑슨 발데즈 호 사고가 있어요. 엑슨 발데즈 호는 알래스카주에서 원유 5300만 갤런(2억 리터)을 싣고 캘리포니아로 항해하다가 암초에 부딪혀 좌초되었어

석유 운반선 사고 알래스카의 생태계를 무참히 파괴한 1989년 엑슨 발데즈 호 석유 유출 사고

요. 그러면서 배에 실린 원유 1100만 갤런(4000만 리터)이 프린스 윌리엄 만으로 흘러 나왔어요. 원유는 마침 그 일대에 불어 닥친 시속 100킬로미터의 강풍을 타고 알래스카 중남부의 해변 2000킬로미터를 덮쳤어요. 이 사고 직후 바닷새 약 25만 마리, 해달 2800마리, 물개 300마리, 독수리 250마리 등이 죽었고, 바닷속 생태계는 측정이 무의미할 정도로 파괴됐어요. 엑슨 발데즈 호 사건은 미국 역사상 최악의 해양 오염 사례로 기록되고 있습니다.

또 걸프 전쟁의 석유 참사도 있어요. 이라크는 1990년에 쿠웨이트와 전쟁을 일으켜서 일부 영토를 빼앗았어요. 그곳이 옛날에 자기네 영토였다면서 말이에요. 그러자 이듬해에 미국을 비롯한 다국적 연합군이 이라크와 전쟁을 벌였어요. 이라크의 쿠웨이트 침공은 국제법을 어기고 세계 평화를 위협한 행위라는 이유였지요. 다국적 연합군은 페르시아만을 통해 공격을 시도했는데, 연합군이 이곳을 '걸프'라고 불러 이 전쟁을 걸프 전쟁으로 기록해요. 걸프 전쟁은 다국적군이 공격을 시작한 지 한 달여 만에 다국적군의 일방적인 승리로 끝났고 이라크군은 쿠웨이트에서 물러났어요.

환경 측면에서 걸프 전쟁은 최악의 사건이었어요. 페르시아만은 세계에서 석유가 가장 많이 나는 곳으로 손꼽혀요. 쿠웨이트를 구한다는 명분을 앞세웠지만 미국이 다국적군을 모아 참전한 이유가 이곳의 석유를 탐냈기 때문이라는 건 공공연한 비밀이었지요. 그래서 이라크는 상황이 불리해져서 퇴각을 하게 되자 정유 시설을 모조리 파괴하며 불을 지르기 시작했어요. 당시 2000여 개의 유정이 있었는데 그중 약 750개가 파괴됐다고 해요. 이 때문에 500만 배럴(8억 리터)이 넘는 엄청난 양의 석유가 페르시아만으로 쏟아져 나왔고 페르시아만의 해양 생태계는 참혹하게 파괴됐죠. 당시 쿠웨이트의 지하수도 40%가 오염됐다고 해요. 이 때문에 유네스코는 이 사건을 체르노빌 핵발전소 사고 이후 최

전쟁이 낳은 참사 걸프 전쟁 당시 석유로 오염된 페르시아만의 모습

대의 환경 참사라고도 평가했어요. 전쟁은 이렇게 사람뿐만 아니라 자연까지도 너무 아프게 만들어요.

마지막으로 딥워터 호라이즌 시추 시설 사고를 소개할게요. 영국 최대 기업이자 세계 2위 석유 회사인 브리티시 페트롤륨(BP)은 미국 루이지애나주 멕시코만 바닷속에서 석유를 시추하고 있었어요. 그런데 2010년 4월 22일, 석유 시추선 딥워터 호라이즌에서 가스가 유정으로 역류하는 바람에 폭발이 일어났어요. 이 폭발로 딥워터 호라이즌은 불타 침몰했고, 바닷속 시추관이 터지면서 유정에서 기름이 바다로 뿜어져 나왔어요. 유정이 워낙 깊고 압력이 세서 석유 유출을 막으려는 시도는 번번이 실패로 끝났어요.

멕시코만은 해류가 빠르고 거세기로 이름난 곳이에요. 기름은 해류를 타고 일주일 만에 1만 제곱킬로미터, 두 달이 채 안 돼 6만 5000제곱킬로미터를 뒤덮었어요. 유출된 석유로 미국의 멕시코만 연안 미시시피, 앨라배마, 루이지애나, 플로리다 등이 직접 피해를 입었고, 대서양 전체로도 빠르게 퍼져 나갔고요.

석유 유출은 7월 15일에야 가까스로 막을 수 있었는데 석 달 동안 얼마나 많은 석유가 바다로 쏟아져 나왔는지는 정확히 측정할 수조차 없다고 해요. 적어도 하루에 500~900만 리터의 원유가 바다로 흘러 나왔을 거라고 해요.

바다로 유출된 기름은 물과 섞이지 않고 얇은 막을 형성하고 해류를 따라 퍼져요. 2~3일 사이에 휘발 성분이 강한 기름 25~40%가 증발하고, 점도가 높은 기름 성분만 남게 됩니다. 이 끈적끈적한 기름은 검은 막을 만들어 빛을 차단해요. 그럼 플랑크톤은 광합성을 못하게 되고, 바닷속 산소 농도가 크게 줄어 해조류, 어패류, 물고기 등이 사는 바닷속 생태계가 쑥대밭이 돼요. 바다를 터전으로 살아가는 새들도 재난을 벗어날 수 없어요. 새

석유 시추선 사고 딥워터 호라이즌 석유 유출 피해를 입은 루이지애나 지역에서 2014년 발견된 바다거북. 사고가 난 지 4년이 지났지만 피해가 복구되지 않고 있다

의 깃털에 석유가 묻으면 보온 기능이 떨어지고 심지어 날 수 없게 됩니다. 석유로 뒤덮인 곳에서 먹이를 구하기도 불가능하고요.

한번 석유로 오염되면 바다는 생태계를 복원하기까지 수십 년이 걸려요. 바다 밑바닥 모래나 자갈층에 스민 기름은 30~40년이 지나도 분해되지 않고 남아 있어요. 실제로 1989년 엑슨 발데즈 호 사고로 오염된 알래스카 해안은 아직도 과거의 모습을 되찾지 못했다고 해요. 이처럼 석유 유출 사고는 엄청난 파괴력과 복구의 어려움 때문에 해양 오염의 주범으로 지목되고 있어요.

방사능 해양 유출

2011년 3월 11일, 일본 도호쿠 지방에서 일본 관측 사상 가장 강력한 규모 9의 지진이 발생했어요. 이 때문에 10미터가 넘는 해일, 쓰나미가 일본 동쪽 해안을 덮쳐 순식간에 집과 도로와 논밭과 미처 피하지 못한 사람들을 집어삼키며 엄청난 피해를 입혔어요.

그런데 쓰나미가 밀려든 곳 중 하나인 후쿠시마에는 원자력 발전소가 가동되고 있었어요. 지진이 일어나자 원자력 발전소는 안전을 위해 가동을 중단했고, 발전소의 냉각 장치가 멈추지 않도록 비상 전력 장치가 작동하기 시작했어요. 원자력 발전소의 핵연료는 워낙 강력해서 전원을 끄는 방식으로는 한 번에 멈추지 않아요. 가동을 중단했어도 핵연료가 식을 때까지 계속 냉각해 줘야 해요. 하지만 비상 전력 장치도 물에 잠겨 고장이 나 버렸고, 결국 뜨겁게 달아오른 원자로 연료봉에서 발생한 수소가스가 폭발해서 건물은 무너지고 방사능이 유출되기 시작했어요.

한번 원자로 폭발 사고가 나면 현재의 과학 기술로는 통제할 수 없어요. 후쿠시마 원자력 발전소 사고는 지금도 진행 중이에요. 이 발전소를 관리하는 도쿄전력에서는 사고 당시부터 지금까지 원자로 온도가 더 이상 올라가지 못하게 바닷물을 끌어다 식히고 있어요. 문제는 원자로를 식히는 데 쓰인 바닷물은 방사능에 오염되는데 이 물을 다시 바다로 흘려 보낸다는 점이에요.

원자력 발전소 사고 후쿠시마 원자력 발전소 폭발 사고는 인간과 자연에게 엄청난 재앙을 가져왔다

공기 중으로도 방사능 물질이 퍼지고 있고, 빗물과 원자로 밑을 흐르는 지하수도 방사능에 오염된 채 바다로 누출되고 있어요.

후쿠시마 원자력 발전소 사고는 1986년 발생한 옛 소련의 체르노빌 원자력 발전소 사고와 함께 국제 원자력 사고 등급의 최고 단계인 7단계를 기록했어요. 후쿠시마 원자력 발전소에서는 사고 당시에 방사능이 하루에 100조 베크렐씩 유출되었고, 사고가 나고 나름 수습을 진행한 지 2년이 지난 2013년에도 매일 약 600억 베크렐이 태평양으로 방출됐어요.

방사능 물질은 생명체의 세포를 망가뜨리고 암 같은 병을 일으키는 위험한 물질이에요. 게다가 유전자 변형을 일으켜서 후세대에도 악영향을 끼치죠. 이 때문에 후쿠시마 원자력 사고가 바다 생태계와 지구에 어떤 영향을 끼칠지는 아직 예상조차 하기 어려워요. 유출된 방사능은 바다의 자정 능력을 넘어서기 때문에 인류가 상상하지도 못할 큰 재난을 불러일으킬지도 몰라요.

플라스틱 오염

플라스틱은 인류가 발명한 화학제품이에요. 폴리에틸렌, 폴리스티렌, 폴리프로필렌, 염화폴리비닐, 폴리우레탄 등 종류도 다양하고 생활용품부터 첨단 기기까지 쓰임새도 아주 많아요. 이제 사람들은 플라스틱 없이는 단 하루도 살 수 없을 정도가 되었어요.

그런 플라스틱이 최근 들어서는 환경 파괴의 주범으로 낙인찍혔어요. 플라스틱은 석유와 천연가스에서 뽑아낸 탄화수소를 주원료로 화학 작용을 일으켜 분자 구조를 재구성해서 만듭니다. 플라스틱 분자 구조는 아주 단단해서 자연 상태에서 분해되는 데는 적게는 100년에서 길게는 500년까지 걸린다고 해요. 충격이 가해져도 눈에 보이지 않을 정도로 아주 작은 알갱이로 쪼개질 뿐이고 분자 구조는 그대로 유지돼요.

버려진 플라스틱은 햇빛을 차단해 미생물과 식물이 살 수 없

플라스틱 섬 바다를 떠다니는 플라스틱 섬은 많은 사람을 충격에 빠트렸다

게 만들어요. 또 알갱이 플라스틱은 물과 토양에 남아 생태계를 심각하게 교란해요. 플라스틱을 먹은 생물들은 몸에 상처를 입기도 하고, 성장과 번식에도 악영향을 받죠.

그리고 미세 플라스틱은 좋지 않은 화학물질을 끌어당겨 흡수하는 성질도 있어서 독성이 매우 높을 수 있어요. 그래서 미세 플라스틱에서 주변 환경에 비해 약 100만 배 높은 독성이 검출된 경우도 있다고 해요.

썩지 않는 플라스틱 쓰레기의 최종 집결지는 바로 바다예요. 2000년대 들어 전 세계는 해마다 플라스틱을 약 3억 톤씩 생산하고 있어요. 유엔환경계획이 2016년 발표한 해양 플라스틱 쓰레기와 미세 플라스틱 보고서에 따르면 2010년 한 해에 바다로 흘러들어 간 플라스틱이 자그마치 480만~1270만 톤이었다고 해요. 그 뒤에도 매년 플라스틱 쓰레기 약 800만 톤이 바다로 유입되고 있어요.

최근에는 태평양, 대서양, 인도양 한가운데서 플라스틱 섬이 발견되어 충격을 주었어요. 육지에서 흘러든 플라스틱이 해류를 따라 떠돌다가 한군데 모여 섬을 이룬 거죠. 플라스틱 섬 중에는 남한 면적의 일곱 배가 넘는 큰 규모도 있다고 해요. 인간의 손길이 닿지 않은 청정 지역으로 손꼽히던 무인도와 산호섬도 플라스틱 쓰레기로 뒤덮이고 있어요.

고통받는 동물들 1회용 플라스틱 때문에 기형으로 자란 바다거북

플라스틱 쓰레기는 바다 생물에게 커다란 위협이 되고 있어요. 수많은 동물이 그물이나 봉투, 밧줄, 낚싯줄 등에 몸이 묶이고 목이 막혀서 다치거나 죽습니다. 또 고래, 돌고래, 바다표범, 물개 같은 바다 포유류와 물고기, 바닷새들은 잘게 쪼개진 플라스틱을 먹이로 착각하고 집어삼키는 바람에 소화기관이 마비되고 목숨을 잃기도 해요.

더 잘게 쪼개진 미세한 플라스틱은 아예 물고기와 어패류가 호흡할 때 몸속을 드나들어요. 심지어 세포벽을 통과해 조직 내

부까지 스며든다고 해요. 환경단체 그린피스의 '우리가 먹는 해산물 속 플라스틱'이라는 보고서에 따르면 미세 플라스틱은 플랑크톤에서부터 갯지렁이, 새우, 게, 가재, 대구, 참다랑어 등 거의 모든 바다 생물종의 몸속에서 발견되고 있어요.

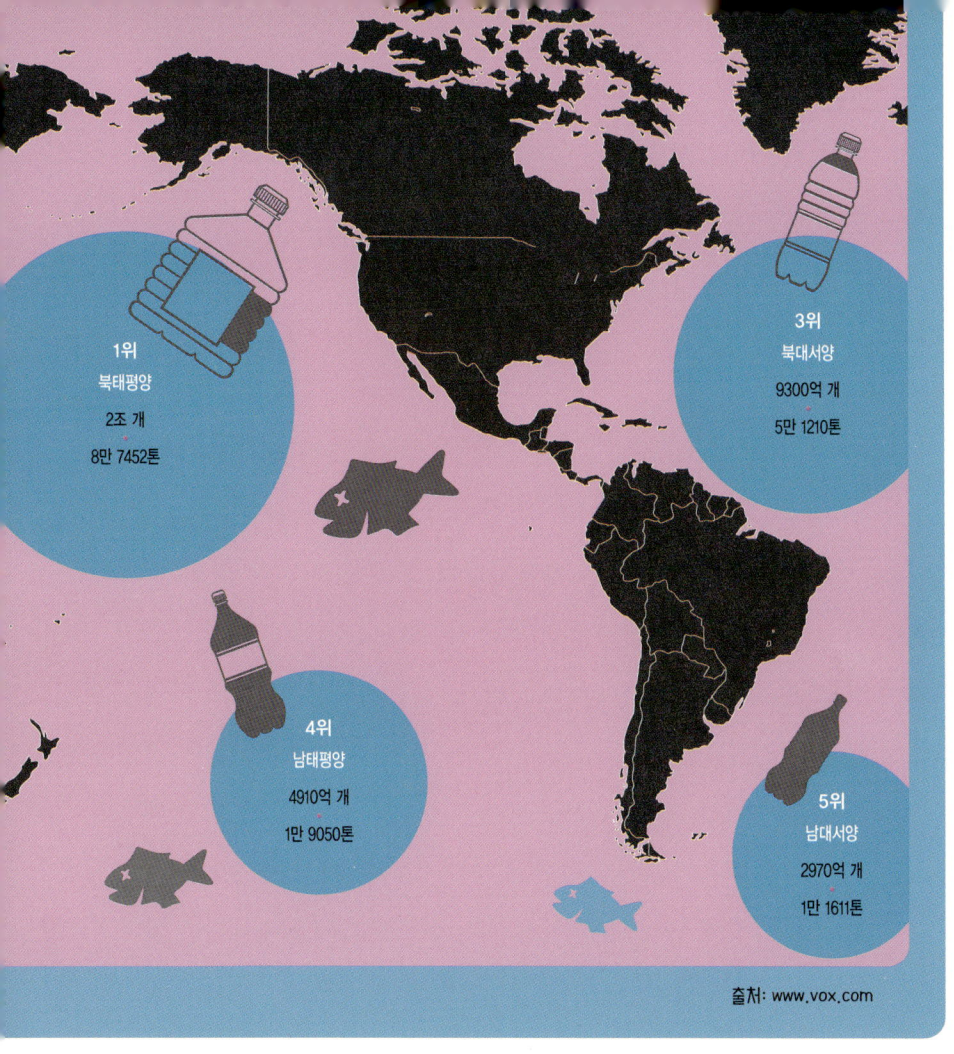

인간도 바다 생물을 주요한 식량 자원으로 삼고 있으니 미세 플라스틱에서 자유로울 수 없어요. 우리는 이미 미세 플라스틱에 오염된 소금, 어패류, 물고기 등을 먹고 있지요. 인간이 만든 플라스틱이 인간을 위협하고 있는 셈이에요. 이처럼 플라스틱

105

쓰레기는 바다 생태계뿐만 아니라 인간과 지구 전체 자연 환경을 파괴하고 있습니다.

생물다양성

지구에는 얼마나 다양한 생물이 어울려 살아가고 있을까요? 현재까지 과학자들이 조사해 확인한 것이 약 150만여 종이에요. 그중 절반이 곤충류이고, 무척추동물이 5분의 1, 관다발식물이 5분의 1 정도 차지해요. 인간을 비롯한 포유류, 파충류, 조류 같은 척추동물은 전체 생물 중에서 겨우 3% 정도밖에 되지 않아요. 더욱이 이 통계는 어디까지나 지금까지 발견된 생물종일 뿐, 아직 확인되지 않은 생물이 훨씬 많아요. 과학자들에 따라 의견이 분분하지만 지구에는 1300만~1400만 종의 생물이 있을 거라고 추정해요.

국제 사회에서는 생물다양성 보전을 중요한 글로벌 이슈로 삼고 있어요. 생물다양성이란 지구에 살고 있는 생물들이 스스로 자연 환경에 다양하게 적응하며 진화해 온 결과로 만들어진 생물들의 풍요로움을 일컫는 말이에요.

생물다양성은 세 가지 차원으로 나눠 볼 수 있어요. 첫 번째는 유전자 다양성 차원이에요. 유전자 다양성이란 생물의 유전적 특질의 다양성을 가리켜요. 모든 생명은 생명체로서 고유한 특징, 생명 활동과 관련된 핵심 정보가 담긴 유전자를 세포에 지니고 있어요. 이 유전자를 다음 세대에 고스란히 전달하면서 종을 유지해요. 극소수 유전자는 돌연변이를 일으켜 새로운 형질을 나타내는데, 이 돌연변이 현상 때문에 새로운 종이 출현합니다.

유전자라고 하니 우리와는 먼 이야기처럼 느껴지나요? 사실 우리가 매일 먹는 쌀 같은 곡식도 대부분 우리가 원하는 유전 형질로 개량해 키운 것들이에요. 알고 보면 유전자 문제는 우리 일상과 매우 가깝지요.

사람들은 더 적은 비용으로 더 많이 수확할 수 있는 종을 선호해 왔어요. 그래야 더 많이 먹을 수 있고, 내다 팔면 이윤도 더 많이 가질 수 있으니까요. 그래서 특히 병충해에 강하고 단기간에 최대한 많이 수확할 수 있는 종을 만들려고 노력해 왔지요. 그 결과 자연스럽게 그러한 종들만 씨를 심고 수확을 하게 됐어요. 문제는 그로 인해 우리가 접하는 대부분의 곡식 또는 과일의 유전적 다양성이 사라지고 있다는 점이에요. 유전적 특질이 다른 종들은 그 씨를 심고 수확하는 사람들이 없어지면서 많이 사라진 것이지요. 더 건강하고 영양가가 풍부한 종보다 값싸고 양이 많은 종을 선호한 결과예요. 그래서 유전자 다양성을 생물다양성 측면에서 접근할 필요가 있어요.

두 번째는 종 다양성 차원이에요. 종 다양성은 일반적으로 동

유전자 다양성 바나나는 세계적으로 단 한 종만이 재배되어 유전자 다양성이 취약한 대표적인 사례다

물, 식물의 다양함을 가리켜요. 전문가가 아닌 입장에서는 생물 다양성이라 하면 곧 종 다양성을 이야기한다고 여겨도 무리는 없어요. 종 다양성은 생물들이 환경에 열심히 적응해 온 결과라고 할 수 있어요.

한 가지 질문을 해 볼게요. 생물종은 어떤 환경에서 더욱 다양해질까요? 영양분 많은 비옥한 환경일까요? 생물종은 영양분이 풍부한 곳보다는 그렇지 않은 환경에서 더 다양해지는 경향이 있어요. 환경이 빠듯하니 그곳에 사는 생물들은 어떻게든 살아남기 위해 다양한 방식으로 열심히 적응하면서 각기 다른 종으로 분화하고 번성해 나가는 거예요.

영양분이 너무 풍부한 환경에서는 몇몇 지배적인 종이 그 영양분을 독차지해 다른 많은 약한 종들의 번식을 막는 일이 많아요. 한 예로 농사를 짓기 위한 경작지에는 인간이 비료를 많이 뿌려서 영양분은 무척 풍부한 땅이 되지만, 생물종은 다양하게 보전되지 못해요. 오히려 영양분이 다소 열악할 수 있는 자연 초지에서 생물다양성은 지켜질 수 있죠.

세 번째는 생태계 다양성 차원이에요. 생태계란 일정한 지역에 사는 모든 생물종을 포함해서 그를 둘러싼 지리, 기후 등 모든 물리적 환경을 뜻해요. 생태계 다양성은 생태계 구조의 다양함을 이야기하며, 그 구조가 다양할수록 거기에 사는 생물종들의 다양성도 더욱 촉진할 수 있어요.

생물다양성에 문제가 생겼다는 말은 곧 생물다양성에 손실이 생겼다는 말이에요. 그런데 여기서 이야기하는 손실은 단순히 어떤 동물 몇 마리나 식물 몇 그루가 죽는 게 아니라 그 동물이나 식물이 속한 종 전체가 완전히 사라지는 절멸 혹은 멸종을 가리키는 말이에요. 지구 위에서 그러한 동물이나 식물을 앞으로 영원히 볼 수 없게 되는 일이지요.

사실 절멸은 그렇게 특이한 일이 아니에요. 지구 환경은 끊임없이 변화하고, 변화된 환경에 적응하지 못한 생물들은 도태되어 사라지는 것이 자연의 법칙이거든요.

멸종 위기 생물 세계자연보전연맹에서 펴낸 멸종 위기 생물 보고서

자연 상태에서 척추동물은 100년마다 약 90종, 관다발식물은 1년에 평균 1종이 절멸해 왔어요. 그런데 최근 들어 생물들이 절멸하는 속도가 매우 빨라지고 있어요. 1970년부터 2006년 사이, 40년도 안 되는 시간에 지구 위에 사는 척추동물의 수는 3분의 1이나 줄었다고 해요. 식물종은 약 4분의 1이 멸종 위기에 놓여 있고요.

세계자연보전연맹(IUCN)에서는 멸종 위기에 처한 동식물들의 목록인 '적색 목록(Red List)'을 발표해요. 여기서 동식물 6만 3837종을 조사한 결과 그중 1만 9817종이 멸종 위기에 처해 있다고 해요. 이 상태로 쭉 가면 이번 세기 말에는 지금 있는 동식물의 절반이 멸종할 수 있을 만큼 심각한 상황인 거지요.

그럼 어떻게 해야 위기에 빠진 지구의 생물다양성 문제를 해결할 수 있을까요? 해결을 위해서는 먼저 원인을 진단해 볼 필요가 있어요. 그럼 현재 우리가 직면한 생물다양성 손실 문제의 원인을 알아봅시다.

생물다양성을 먹어치우는 거대한 하마

생물다양성이란 개념을 일반에 널리 알린 에드워드 윌슨 교수는 생물다양성이 감소하는 원인을 간단하게 축약한 단어를 만들었어요. 바로 '히포(HIPPO)'예요. 서식지 파괴(Habitat destruction), 외래종 유입(Invasive species), 환경 오염(Pollution), 인구 증가(human over Population), 과도한 사냥(Over harvesting)을 뜻하는 다섯 가지 용어의 첫 글자를 합친 말이지요. 이 다섯 가지를 하나하나 자세히 살펴봅시다.

첫 번째 글자 에이치(H)는 서식지가 파괴되거나 급격히 변화하는 상황을 가리켜요. 앞서도 이야기했듯이 자연 환경은 늘 변화하기 때문에 생물들은 그에 적응해 살아가야 해요. 그런데 제아무리 적응력이 높아도 환경에 적응하려면 어느 정도 시간이 필요해요. 따라서 서식지가 파괴되거나 변화가 급격하면 그곳에서 살던 생물들은 적응하지 못해 절멸할 수 있어요.

그런데 20세기 이후 인간은 발전과 개발이라는 명목으로 자연 환경을 급속히 파괴하고 변화시켜 왔어요. 곡식을 기르려고 농경지를 만들고, 가축을 키우려고 방목장을 만들고, 인간이 살려고 도시를 건설하는 등 여러 이유로 자연 환경과 동식물 서식지를 대규모로 파괴했어요. 그 결과, 특히 지난 100년 동안 열대우림의 절반이 사라졌어요. 이 사실을 우리가 더욱 주목해야 하는 이유가 있어요. 육지에 사는 생물종의 절반 이상이 열대우림에

서식지 파괴 인간을 위한 개발은 다른 종들의 삶의 터전을 빼앗는 일이 되기도 한다

서 살고 있기 때문이에요. 이렇게 생물다양성이 집중되어 있는데 파괴될 위험에 처한 곳을 생물다양성 핵심 지역이라고 불러요.

히포(HIPPO)의 두 번째 글자인 아이(I)는 외래종 유입을 이야기해요. 외래종이란 어떤 지역에 원래 살지 않다가 외부에서 들어온 종을 뜻해요. 외래종은 대개 천적이 없어서 한번 유입되면 생태 균형을 깨뜨리고 그 지역에서 지배적인 종으로 자리를 잡습니다. 외래종에 밀린 고유종은 멸종되거나 위험에 빠지게 되죠. 외래종은 사람들이 한 지역에서 다른 지역으로 이주할 때 따라서 유입되기도 하고, 다른 지역의 작물과 가축을 들여와 기르

호주의 토끼 유럽에서 들어온 토끼가 삽시간에 호주 전역에 퍼져 생태계를 교란시켰다

면서 퍼지기도 해요.

호주에 들어온 토끼가 외래종의 대표적인 사례예요. 원래 호주에는 토끼가 없었다고 해요. 유럽인들이 고향에서 하던 사냥을 즐기기 위해 영국에서 들여온 스물네 마리가 최초였다고 합니다. 그런데 호주는 토끼들이 살기 아주 좋은 환경이었고, 번식력이 좋은 토끼가 호주 전역으로 급속히 퍼지기 시작했지요. 토끼들은 호주 전역의 풀과 나무를 먹어치우며 개체 수가 급증했고 그 초목을 먹이로 삼던 토착종들은 멸종될 위기에 빠졌어요.

호주 정부는 토끼의 번식을 막으려고 3000킬로미터 넘는 긴

울타리를 만들기도 하고 독극물을 뿌리기도 했어요. 그러나 지금까지도 토끼와의 전쟁은 끝나지 않았어요. 초식동물인 토끼조차도 외래종이 되었을 때는 그 지역 생태계에 커다란 재앙이 될 수가 있답니다.

우리나라에서도 한때 외래종이 사회 문제로 떠올랐어요. 바로 황소개구리 문제였죠. 황소개구리가 우리나라에 처음 들어온 건 1970년대예요. 식용으로 팔아 농가의 소득을 올리려고 기르기 시작한 겁니다. 그런데 사람들이 좋아하지 않아 잘 팔리지 않았어요. 양식장에 방치된 황소개구리는 여러 경로로 자연 생태계에 유입되었어요. 황소개구리는 몸집이 크고 식성이 좋은 데다 당시 천적도 없어서 개체 수가 급속히 늘었고, 생태계 질서를 위험에 빠뜨렸지요. 그 후 많은 사람이 황소개구리 개체 수를 줄이려고 노력했고, 전문가들이 천적을 찾아내 지금은 문제가 전보다 진정된 상태예요.

히포(HIPPO)의 세 번째 글자인 피(P)는 환경 오염을 가리켜요. 환경 오염은 워낙 다양한 방식으로 이루어지고, 그런 만큼 생물들도 직접적으로나 간접적으로 영향을 받지요. 어쨌든 지금 일어나는 환경 오염의 주범은 바로 인간이에요. 사람들이 배출하는 다양한 쓰레기와 오염 물질이 생태계에 심각한 문제를 일으키고 있는 것이죠.

네 번째 글자인 또 다른 피(P)는 인구 증가를 이야기해요. 인구 증가는 생물다양성을 해치는 가장 근본적인 원인일 수 있어요. 인간이 나쁜 마음을 먹고 지구 환경을 오염시키고 다른 생물들을 멸종 위험에 빠뜨리는 건 아니에요. 사람들은 그저 하루하루 잘 먹고 잘 살기 위해 최선을 다해 자연을 연구하고 개발해서 이용해 왔을 뿐이지요.

외래종 우리나라 생태계에 유입되어 문제를 일으킨 외래종 황소개구리

문제는 인간이 너무 빨리, 너무 많이 늘었다는 점이지요. 사람 하나하나는 작지만 이렇게 많이 모이니 지구가 더 이상 감당할 수 없게 되었지요. 세계 인구는 200년 전만 해도 10억 명 정도였는데, 과학과 의료 기술이 발달한 덕분에 20세기 초에 20억 명이 되었고, 겨우 33년 후인 1960년에는 30억 명이 되었어요. 인구가 느는 속도는 더욱 가팔라져서 지금은 76억 명이나 되는 사람이 지구에 살고 있어요.

생물은 살기 위해 먹이를 먹고 물을 마셔야 해요. 이는 곧 지구의 자원을 소비하는 일이에요. 생물은 자원을 소비하면서 자연 환경에 영향을 미쳐요. 인간도 마찬가지입니다. 그런데 인간은 필요 이상으로 많은 자원을 소비해요. 차를 타고, 텔레비전을 보고, 책을 읽는 동물은 인간밖에 없으니까요. 가뜩이나 자원을

남획 무분별한 남획은 인간이 바다 생태계를 무너뜨리고 생물다양성을 해치는 요인이다

많이 소비하는데 단기간에 크게 늘기까지 했으니 지구가 인류의 욕심과 요구를 감당할 수 없게 된 것이지요. 인구를 인위적으로 줄이기란 불가능해요. 그러니 인류는 지구의 한정된 자원, 위기에 빠진 다른 생물들에 경각심을 크게 갖고, 자원을 아끼고 모든 생명체와 조화롭게 살아갈 지혜를 키워야 해요.

마지막으로 히포(HIPPO)의 오(O)는 과도한 사냥과 남획을 가리켜요. 생물다양성을 위협하는 다섯 요인 중에 특히 이 오(O)가 차지하는 비율이 높아요. 왜 과도한 사냥, 남획이 이루어지는 것일까요? 사람들이 생계를 위해, 필요한 만큼만 동물을 사냥한다면 이런 문제가 발생하지 않을 거예요. 욕심을 채우고 돈을 벌기 위해 생존에 필요하지 않은 동물까지 남획하기 때문에 문제가 되는 거예요. 예를 들어 중국의 3대 진미라는 샥스핀이라는 음식은 상어 지느러미로 만들어요. 사람들은 귀하고 맛있는 음식이라는 이유로 샥스핀을 먹지요. 샥스핀을 만들기 위해 1년에 상어 7500만 마리의 지느러미가 잘려 나가요. 그래서 상어들은 지금 멸종 위기에 처했습니다.

지금까지 살펴보았듯이 현재 생물다양성을 해치는 가장 커다란 원인은 다름 아닌 인간이에요. 원인이 우리에게 있으니 이를 해결할 열쇠도 우리 손에 쥐고 있는 셈이에요. 지금까지 국제 사회도 기후변화와 환경 오염, 생물다양성 훼손 문제를 심각하게 받아들이고 지구 생태계를 보전하고 회복하기 위해 애써 왔어요. 이제 이 글로벌 이슈에 세계가 어떻게 대응하고 있는지 살펴보기로 해요.

글로벌 인터뷰

그린크로스 물환경평화프로그램 국가조정관
문귀호, 이종현

✿ 그린크로스에서 가장 중요하게 여기는 가치는 무엇인가요?

우리 인류는 지구에 등장한 이래로 우리만의 편리를 위해 지구 환경을 마구 사용해 왔습니다. 이제는 인류가 지구 환경을 지키고 보전하며, 지구 온난화라는 대재앙을 인식하고 해결하려는 책무를 가져야 할 때입니다. 지구 환경, 즉 동식물과 공기, 물을 지키고 보전할 수 있는 건 다름 아닌 인류입니다. 그러려면 인류의 생존이 무엇보다 중요합니다. 그래서 그린크로스는 '전쟁과 분쟁 없이 지

그린크로스는 물 부족에 시달리는 아프리카 가나의 취로 사업을 지원하고 있다

구 환경과 더불어 잘 사는 인류의 생존과 보호'를 중요한 가치로 여깁니다.

✿ 그린크로스에서 어떤 활동을 하고 있는지 소개해 주세요.

그린크로스는 다양한 분야에서 활동을 벌이고 있습니다. 먼저 국제 환경 교육 프로그램을 소개하고 싶습니다. 환경 생활 실천 일기 쓰기 대회, 그림 그리기 대회 등을 개최해 환경에 대한 어린이들의 습관과 인식을 변화시키는 활동입니다. 특히 국제 물환경평화프로그램은 하나의 강을 사이에 둔 두 개 이상의 나라 사이에서 벌어지는 환경적, 정치적, 인권적 문제를 방지하고 해결하는 사업입니다. 이로써 물 사용 권한의 평등성과 자유성, 인권을 보호하고 있습니다. 한편

그린크로스 일본지부의 어린이 그림 그리기 대회에서 시상하는 미하일 고르바초프

베트남, 체르노빌, 후쿠시마 등 전쟁, 분쟁, 환경 문제가 발생한 곳에 우선적으로 환경적, 보건 복지적 복원을 지원하는 국제 환경보건복지프로그램도 있습니다. 국제 환경 재난 방지 프로그램 또한 그린크로스의 중요한 활동입니다. 지구 온난화가 원인이 되는 폭염, 폭우, 태풍, 쓰나미, 또 석유 유출 사고 같은 환경 재난을 방지하고 문제 해결을 지원하는 사업입니다. 마지막으로 원자력 발전을 신재생 에너지 발전으로 전환하고 개발, 사용하자는 국제 스마트 에너지 프로그램을 전 세계 31개국 지부와 함께 전개하고 있습니다.

✡ 그린크로스는 체르노빌이나 후쿠시마 등 원전 피해 지역을 계속 지원한다고 하던데요, 어떻게 지원하고 있나요?

그린크로스는 세계 어느 나라, 국제기구, 단체도 지원하지 않는 체르노빌 원전 피해 지역을 유일하게 지원하고 있습니다. 체르노빌은 소련 영토였던 우크라이나 공화국 수도 키예프에서 남쪽으로 130킬로미터 떨어진 곳입니다. 1986년 4월 26일, 이곳에서 가동되던 원자력 발전소 4호 원자로에 금이 가 방사능이 유출되는 사고가 일어났습니다. 원자력 사고 중에 가장 큰 사고이며, 20세기 최악의 사건으로 꼽히기도 합니다. 사고 당시 서른한 명이 사망했고, 1991년 4월까지 5년 동안 방사능에 노출된 7000여 명이 사망했으며, 70만여 명이 피해를 입고 치료를 받았습니다.

그린크로스의 설립자인 미하일 고르바초프는 당시 소련의 서기장이자 러시아

초대 대통령을 지낸 인물입니다. 체르노빌 원전 사고의 고통을 직접 보고 느낀 그는 인류 역사에 이런 일이 다시는 일어나지 않기를 바라며 1991년 핵무기 철폐와 냉전 종식을 결심했습니다.

체르노빌에는 병원 시설이 없습니다. 그린크로스는 이곳 주민들을 위해 이동 병원차를 운영하면서 방사능 노출 피해로 가장 많이 생기는 갑상선암 치료, 심리 치료 등을 지원합니다. 특히 이 프로그램은 그린크로스 본부 외에도 스위스, 프랑스, 일본, 우크라이나, 벨라루스, 러시아, 미국 지부의 적극적인 재정적, 행정적 지원으로 실행되고 있습니다.

또 인권과 복지 차원의 지원도 실시합니다. 체르노빌이나 후쿠시마 지역 어린

체르노빌 원자력 발전소 사고의 희생자들을 기리는 추모비

이들은 방사능 때문에 밖에서 노는 것이 거의 불가능합니다. 그래서 피해 지역 어린이들과 부모님들의 스트레스가 매우 크죠. 그린크로스는 피해 지역에서 어린이를 위한 놀이 캠프를 진행하고 있어요. 청정 지역에서 유기농 음식을 먹으며 아이와 어른이 마음 편히 함께 놀 수 있도록 돕는 것이죠.

✿ 국제 사회에서 그린크로스의 가장 큰 성과는 무엇이었나요?
물 환경 문제는 유엔과 전 세계 나라들의 환경과 정치 그리고 인류 생존과 직결된 중요한 이슈입니다. 이 문제를 해결하는 국제 물환경평화프로그램의 세부 목표 중 하나가 유엔 다국적 수로 협약(UNWC)입니다. 한 개의 강이 여러 나라에 걸쳐 있을 때 어떤 나라가 물을 더 많이 점유하거나 강을 오염시키는 경우에 분쟁이 발생합니다. 세계에는 276개 강을 접경으로 둔 145개 국가가 있습니다. 이들 나라의 환경, 정치, 경제의 안정을 도모하여 세계 평화와 인권을 보호할 수 있는 국제법이 유엔 다국적 수로 협약입니다.

이 협약은 세계 최초의 민물 관련 국제 협약입니다. 전 세계 35개 넘는 국가가 비준해서 2015년 5월 유엔은 이를 국제법으로 정했습니다. 1997년 5월 21일 그린크로스와 세계자연보호기금(WWF), 유네스코 물환경법·정책·과학센터가 주도해 여섯 개 국제 환경 기구와 함께 유엔 총회에 발안해 국제법으로 정해진 것입니다.

2015년 세계물포럼 개최국인 우리나라는 안타깝게도 이 협약에 아직 비준하지 못했습니다. 우리나라는 북한과 임진강을 사이에 두고 있지만 아직 큰 문제가 발생하지는 않았기 때문입니다. 물이 원인이 되는 분쟁을 해결하는 것뿐 아니라 국제 사회에 책임 있게 동참하기 위해서 우리나라의 유엔 다국적 수로 협약 비준을 기대합니다.

✿ 지구 환경을 위해 참여할 수 있는 활동이 있다면 알려 주세요.

지구 환경을 위해 반드시 대단한 활동이 필요하지는 않습니다. 일상생활에서 여러분이 할 수 있는 단 한 가지라도 실천했으면 합니다. 일회용품 사용 줄이기, 음식물 쓰레기 줄이기, 쓰레기 분리수거, 전기 절약하기, 사용하지 않는 전기 코드 빼기, 대중교통을 이용하고 가까운 곳은 걷기, 친환경 제품 사용하기, 물 아껴 쓰기 등이 있겠죠. 어린이와 청소년 여러분들이 지구와 자연 환경을 생각하며 모두가 행복하게 사는 지혜로운 방법을 고민해 주길 부탁합니다.

인터뷰 2018년 12월 3일

그린크로스 코리아 홈페이지 www.gcr.kr

4
자연과 인간이 더불어 사는 세상을 위하여

1968년 12월, 우주에서 촬영한 사진 한 장이 지구로 전해졌어요. 인류 역사상 최초로 사람을 태우고 달 궤도에 진입한 아폴로 8호에서 찍은 지구의 모습이었어요. 지구는 어두운 우주 공간에 아주 작고 희미하게 떠 있었어요. 지구 밖에서 본 지구는 눈부시게 아름다웠지만, 한편으로는 놀랍도록 가냘프고 위태로워 보였어요. 사람들은 지구가 얼마나 아름답고 얼마나 연약한지 실감했어요. 그리고 이 사진 한 장은 이전과 다른 새로운 시대가 열렸음을 상징하는 듯했어요.

왜냐하면 그전까지만 해도 사람들은 지구가 거대하고 영원하고 완벽하다고 생각했거든요. 신이 인간에게 내린 선물이라고 여겼지요. 사람들이 막무가내로 자연을 해치고 자원을 뽑아 써도 지구는 마르지 않는 샘처럼 풍요롭고 넉넉할 거라 여겼어요.

　그러던 1962년, 미국의 과학자이자 작가인 레이첼 카슨이 《침묵의 봄》이라는 책을 펴냈어요. 이 책은 디디티(DDT)라는 화학 살충제가 자연과 사람에게 얼마나 끔찍한 영향을 끼치는지를 낱낱이 보여 주었어요. 디디티는 해충을 없애려고 만든 약이에요. 파리, 모기, 벼룩, 진드기, 바퀴벌레를 비롯해서 농작물에 병을 옮기는 곤충을 모조리 없애요. 덕분에 말라리아 같은 질병이 크게 줄고, 농작물 수확량도 눈에 띄게 늘었지요. 그런데 이 화학 살충제가 해충만 죽이는 게 아니었어요. 살충제가 뿌려진 주변의 땅과 물은 독성으로 오염됐고, 그 땅과 물에 의지하며 살던 생물들에게도 해로운 독을 옮겼어요. 먹이사슬에 따라 식물은 초식동물에게 먹히고, 초식동물은 육식동물에게 먹히는데 그 과정에서 독성은 계속 쌓이고 커져서 결국 우리 인간에게 더욱 커다란 악영향을 미치는 부메랑이 될 수 있다는 점을 이 책에서는 과학적으로 보여 주었어요.
　이렇게 《침묵의 봄》은 자연의 모든 생명이 서로 아주 긴밀하게 연결되어 생태계를 이루고 있으며, 인간이 이 생태계를 함부로 바꾸었을 때 얼마나 위험한 결과를 가져오는지 또렷하게 보여 줬어요. '침묵의 봄'이란 책의 제목은 이러한 생태계의 균형이 깨진 결과로 봄이 되었지만 새들의 노랫소리가 사라져 버린 적막한 숲의 모습을 상징해요.

하나뿐인 지구를 지키자

아폴로 8호에서 보낸 사진과 《침묵의 봄》이란 책을 계기로 사람들의 생각은 많이 바뀌게 됐어요. 사람들은 자연 환경이 무너지면 인간도 살아갈 수 없다는 사실을 잘 알게 됐어요. 나아가 과학 기술이 절대로 옳고 정당하다는 믿음이 얼마나 섣부르고 위험한지도 깨달았지요. 지구는, 자연은 영원히 지속되는 신의 선물이 아니었어요. 생명이 넘치는 축복받은 행성이지만, 그러기에 더더욱 연약하고 상처받기 쉬웠어요.

그런데 공교롭게도 얼마 지나지 않아, 순전히 사람의 잘못으로 끔찍한 환경 재난이 발생했어요. 1969년 미국 캘리포니아주 앞바다에서 대규모 기름 유출 사고가 발생한 거예요. 사람들은 너무 깜짝 놀랐어요. 금방 깨질 것만 같은 연약한 지구의 얼굴을 알게 됐기 때문에, 많은 사람이 이제 더 이상 이런 환경 파괴를 보고만 있을 수는 없었어요.

1970년 4월 22일, 미국에서는 2000만 명이나 되는 사람들이 거리로 나와 환경 오염을 반대하고 지구를 보호하자는 대규모 시위와 문화 행사를 벌였어요. 이 덕분에 미국에 환경보호청(EPA)이 설치됐지요. 미국 정부 차원에서도 이제 지구 자연 환경을 보호하기 위한 노력을 본격적으로 시작하게 된 거예요.

지구를 위해 사람들이 대규모 시위를 연 것은 전 세계적으로

지구의 날 대규모 석유 유출 사고에 충격을 받은 사람은 거리로 나와 지구를 보호하자고 외쳤다

그때가 처음이었어요. 많은 사람이 한마음으로 거리에 나와 지구 환경을 보호하자고 외친 것은 당시로서는 매우 특별한 일이었죠. 지구를 대하는 사람들의 생각이 크게 바뀌었음을 상징하는 사건이었어요. 사람들은 이제 지구와 자연을 정복이나 착취의 대상이 아니라 보호하고 조화롭게 함께 살아갈 이웃으로 생각하게 된 거예요. 그 후로 세계는 이 날을 '지구의 날'로 지정했어요. 매년 4월 22일 세계의 시민들은 다양한 축제와 행사를 벌

이며 다 같이 한마음으로 지구와 자연 환경의 건강을 기원해요.

그리고 세계의 시민들은 지구와 자연을 보호하기 위한 다양한 단체를 결성해 여러 가지 노력을 시작했어요. 세계 3대 민간 환경 보호 단체로 일컬어지는 세계자연기금, 그린피스(Green Peace), 지구의 벗(Friends of the Earth)이 이때부터 발돋움할 수 있었어요. 그 뒤로도 수많은 환경단체가 만들어졌지요.

그리고 마침내 세계의 수많은 국가와 다양한 시민단체가 지구 환경 보호 문제를 함께 논의하기 위해 처음으로 한자리에 모였어요. 바로 1972년에 '하나뿐인 지구'라는 주제로 스웨덴 스톡홀름에서 열린 유엔 인간 환경 회의예요.

그리고 이 회의에서 유엔 인간 환경 회의 선언이 만들어졌어요. 이 선언은 앞으로 우리 인간이 지구와 어떤 관계를 맺고 살아가야 할지에 대한 기본 원칙을 규정했어요.

우리는 환경적인 결과를 위해 더욱 분별 있는 관심을 갖고, 세계 속에서 행동을 취해야 할 시점에 와 있다. 무지와 무관심으로는 우리가 살고 있고, 의존하고 있는 이 지구 환경에 막대하고 돌이킬 수 없는 해를 입힐 수 있다. 반대로 더 많은 지식과 더 지혜로운 행동으로 우리는 인간의 필요, 소망과 더욱 조화를 이루는 환경에서 더 나은 삶을 누리도록 우리 자신과 후대에 전할 수 있다. 바람직한 삶을 창조하고 환경의 질을 증대하기 위한 폭넓은 전망들이 있다. 이를 위해 필요한 것은

세계자연기금 캠페인 멸종 위기 종인 대왕판다 모형을 제작해 도심에 설치한 세계자연기금 캠페인

열정적이지만 고요한 마음과 강렬하지만 정열적인 작업이다. 자연 세계에서 자유를 이룩하기 위한 목적으로, 인간은 자연과 협력하여 더 나은 환경을 만들기 위해 지식을 사용해야 한다. 현재와 미래 세대를 위해 인간 환경을 지키고 개선하는 것은 세계 경제 사회 발전과 평화라는 기본적이고 확립적인 목표와 함께 추구해야 할 인류를 위한 필수적인 목표이다.

－유엔 인간 환경 회의 선언 전문 중

그리고 이 회의를 통해 유엔환경계획이라는 중요한 국제기구가 새로 만들어졌어요. 지구 환경 보호를 위해 세계가 합의한 기본 원칙들이 잘 지켜지도록 하고, 지구와 환경을 국제적으로 잘 보호하기 위한 전담 유엔 기구를 만든 거예요. 유엔환경계획은 줄여서 '유넵(UNEP)'이라고 편하게도 불러요.

1972년부터 활동하기 시작해서 지금까지 지구 환경을 보호하기 위한 다양한 활동을 벌였고, 여러 성과들을 만들어 왔어요. 환경 문제가 더욱 심각해지고 있기 때문에 유엔환경계획의 역할이 앞으로도 더욱 중요해질 거예요. 특히 앞에서 살펴봤던 기후변화 문제, 생물다양성 문제에는 더욱 많은 관심이 필요해요. 그럼 이를 위해 국제 사회와 유엔은 어떤 노력을 해 왔는지 함께 살펴볼까요?

기후변화에 관한 정부 간 협의체

기후변화는 지구 차원에서 일어나는 대규모 변화라 이를 측정하기가 쉽지 않아요. 따라서 세계의 과학자들이 협력해서 기후변화가 어떻게 진행되고 있는지 연구할 필요가 있어요. 이를 위해 1988년에 유엔환경계획과 세계기상기구는 기후변화에 관한 정부 간 협의체(IPCC)를 만들었어요. 아이피시시는 수많은 과학자의 도움을 받아 기후변화에 관한 과학적인 증거를 계속 확보하고 있어요. 나아가 이러한 연구를 바탕으로 기후변화가 우리

유엔환경계획

유엔환경계획(UNEP : United Nations Environment Program)은 1972년 유엔 인간 환경 회의의 유엔 인간 환경 회의 선언에 따라 창설된 유엔 산하 기구입니다. 지구 환경 보전을 위한 국제 협력을 촉진하고 지구 환경을 감시하는 등 다양한 분야를 아우르며 활동하고 있습니다.

본부는 케냐의 나이로비에 있으며, 이는 유엔 기구 본부를 제3세계에 설치한 첫 사례입니다. 케냐 나이로비 본부 외에도 파나마의 파나마시티, 바레인의 마나마, 태국 방콕, 스위스 제네바, 미국 워싱턴 D.C.에도 지부가 설치되어 있습니다.

유엔환경계획은 개별 국가와 그 국가 내 시민사회와의 협력을 강화하고 촉진하기 위해 1985년부터 각 국가에 국가위원회를 설치하도록 하고 있습니다. 대한민국에서는 1996년에 유넵 한국위원회가 설립되었습니다.

유넵 한국위원회는 국제 환경 이슈 흐름에 맞춰 국내의 환경 보전 활동이 잘 이루어지고 적절한 환경 정책이 수립되도록 관련 국제 환경 정보를 제공하고, 환경적 역량을 강화할 다양한 활동을 펼치고 있습니다. 특히 어린이와 청소년을 친환경적인 책임감을 가진 세계 시민으로 양성하기 위해 채택한 유넵 본부의 청소년 장기 전략을 반영하여, 청소년들이 참여할 수 있는 관련 교육 및 참여 프로그램도 많이 마련하고 있습니다.

나이로비에 위치한 유넵 본부 건물

에게 끼치는 영향과 우리가 이에 어떻게 대응해야 할지도 함께 연구하고 있지요.

아이피시시는 지구의 기후변화에 대한 종합 보고서를 5~7년 간격으로, 지금까지 다섯 차례에 걸쳐 발표했어요. 이 중에서 2014년 발표된 5차 보고서 내용을 잠깐 살펴볼까요?

과학자들은 먼저 기후변화가 뚜렷하게 관측되고 있다고 했어요. 대기와 해양 온도 상승, 만년설과 빙하 감소, 해수면 상승, 온실가스 농도 상승 등이 일어나 21세기 말까지 지구 온난화가 지속적으로 진행될 거라고 예상했어요. 그 영향으로 식량 생산이 감소하고, 생물들이 멸종할 위기가 증가하고, 홍수로 토양이 유실되는 등 인류와 자연 생태계가 위험에 빠졌으며 위기가 점차 심각해지고 있다고 합니다.

이처럼 위기가 눈앞에 닥친 상황인데도 최근까지 온실가스 배출이 지속적으로 증가하고 있어요. 물론 온실가스 배출을 줄이려고 국제 사회가 애쓰고 있지만, 과학자들은 지금처럼 줄이는 정도로는 21세기 말까지 기온이 2도 이상 올라가는 것을 막지 못한다고 경고했어요. 그리고 온실가스를 감축할 대안으로 저탄소 에너지원을 개발해서 이용하는 등 에너지 공급 체계를 대대적으로 개선해야 한다고 강조했어요.

이 밖에도 아이피시시 보고서에는 자세히 들여다볼수록 심각하고 충격적인 내용이 담겨 있어요. 국제 사회가 환경 문제를 근

기후변화 기후변화로 만년설과 빙하가 지속적으로 감소하고 있다

본적이고 혁신적으로 개선하려는 노력을 쏟지 않는다면, 보고서에는 앞으로 더 암울한 내용이 담길 수밖에 없을 거예요.

기후변화 협약과 교토 의정서 그리고 파리 기후변화 협약

1985년 오스트리아 필라흐에서 지구 온난화 문제를 다루기 위한 국제 회의가 처음 열렸어요. 뒤이은 3년 동안 비슷한 국제

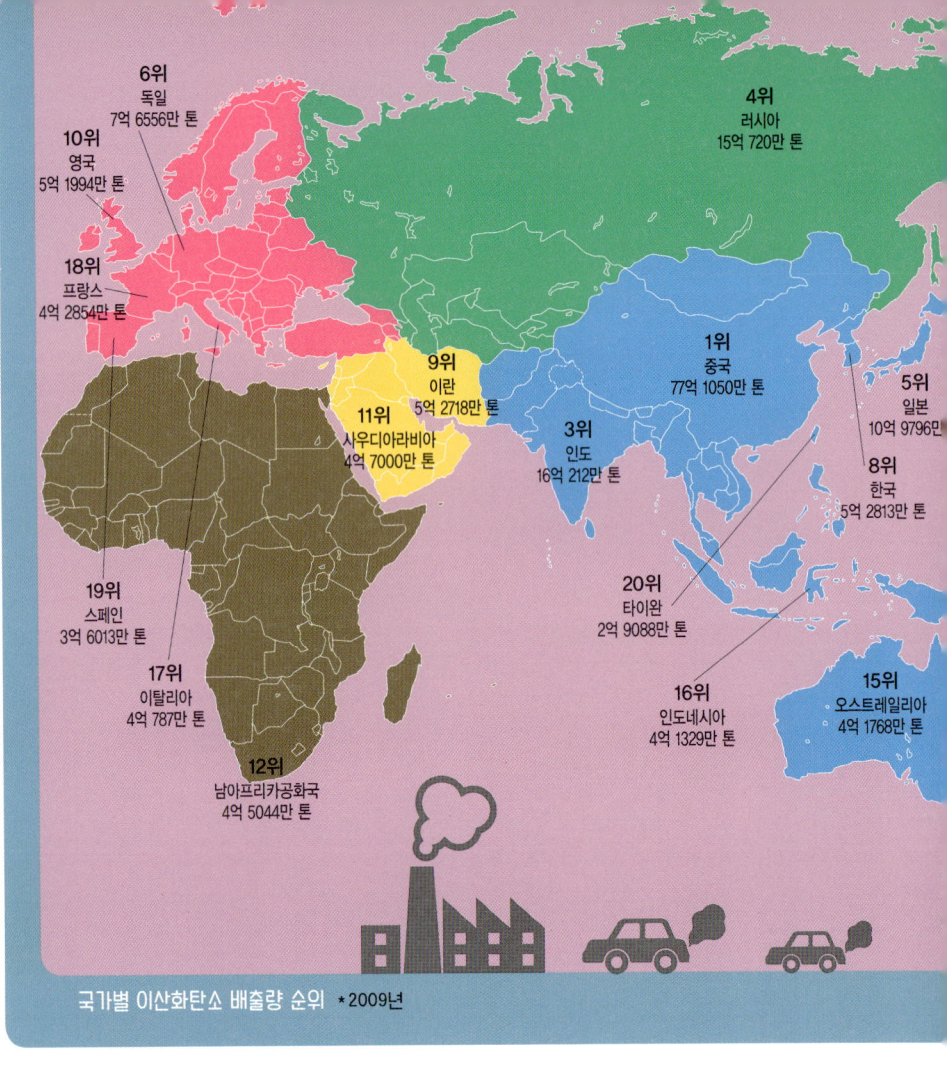

국가별 이산화탄소 배출량 순위 *2009년

회의가 열렸지만 실질적인 해결책을 마련하지 못했어요. 그러다 유엔 인간 환경 회의 20주년을 맞이한 유엔 환경 개발 회의가 1992년 브라질 리우에서 열렸어요. '지구 회담'이라고도 일컬어진 이 세계 정상 회의에서 드디어 기후변화 협약이 채택되었어

요. 이 협약으로 비로소 지구 온난화에 대응하는 세계 차원의 협력과 구체적인 실천이 본격적으로 시작됐어요.

기후변화 협약은 이산화탄소 같은 온실가스 배출량을 줄이도록 규정했어요. 이에 따라 기후변화 협약에 가입한 모든 국가는

교토 의정서 1997년 교토 의정서 채택 당시 기후변화 협약 의장과 일본 환경부 장관이 악수하는 모습

자기 나라의 온실가스 배출 현황을 조사하고, 어떻게 줄여 나갈지 계획을 세우기로 했어요. 하지만 온실가스에 의한 지구 온난화는 워낙 급속하게 진행되고 있어서 이 시급한 문제를 해결하기에 기후변화 협약만으로는 부족했어요. 보다 강제성을 띠면서 매우 구체적인 합의가 필요했어요.

그런데 지구 온난화는 산업화를 먼저 시작해서 지금까지 엄청난 이산화탄소를 배출해 온 선진국들 책임이 가장 커요. 그렇다면 이산화탄소 같은 온실가스를 줄이려면 선진국들이 앞장서서 노력하고 더 많은 의무를 져야 해요. 그래서 세계는 1997년에 교토 의정서를 채택했어요. 교토 의정서는 선진국이 2008년부터 2012년까지 온실가스 배출량을 1990년 수준보다 평균 5.2% 줄이도록 강제로 규정했어요.

당시 교토 의정서가 효력을 발휘하려면 몇 가지 조건이 있었어요. 우선 55개국 이상이 이 의정서를 비준해야 했어요. 그리고 1990년 기준으로 전 세계 온실가스 배출량 중 의정서에 참여하기로 한 선진국이 배출하는 비율이 55%를 넘기면 의정서에 담긴 약속을 실천하기로 했어요.

그런데 세계에서 이산화탄소를 가장 많이 배출하는 미국이 2001년에 교토 의정서에서 탈퇴했어요. 화석 연료를 사용하는 산업 체제에서 이산화탄소를 줄인다는 것은 곧 에너지 소비를 줄이고 상품 생산을 줄인다는 뜻이에요. 에너지 소비량과 상품 생산량을 유지하면서 이산화탄소 배출량을 줄이려면, 환경 기술과 장비를 개발해 설치해야 해서 그만큼 생산 비용이 늘어날 수밖에 없고요. 따라서 교토 의정서에 가입해서 이산화탄소를 감축할 의무가 있는 국가는 그렇지 않은 국가에 비해 자본주의 시장 경쟁에서 불리해질 수 있어요. 미국은 교토 의정서가 발효되면 자기 나라 경제가 피해를 입을까 봐 몸을 사린 거예요.

미국이 교토 의정서에서 탈퇴하고 다른 선진국들도 소극적인 태도를 보이자 교토 의정서는 제대로 효력을 발휘하지 못하고 몇 년 동안 표류했어요. 그러나 세계는 계속 합의를 만들기 위해 노력했고, 러시아가 2004년에 비준하면서 교토 의정서가 드디어 발효되었어요.

이렇게 발효는 됐고 기후변화 문제를 해결하기 위한 세계의 노력으로서 상징적인 의미도 매우 컸지만, 가장 많은 온실가스를 배출하는 미국, 중국, 인도 등이 제대로 참여하지 않아 교토 의정서의 실효성에 끊임없는 비판이 있었어요. 더불어 교토 의정서가 끝나는 2012년 이후에는 어떻게 할 것인지 국제 사회의 합의가 만들어지지 못하고 있었어요.

이런 상황에서 교토 의정서가 끝나는 해인 2012년에 기후변화 협약 당사국 총회가 카타르 도하에서 열렸어요. 회의에 참석한 국가들은 2020년까지 교토 의정서의 효력을 연장하기로 했고, 2020년까지 온실가스를 1990년 대비 25~40% 감축하자는 목표에 합의했어요. 보다 혁신적인 합의를 당장 만들 수 없었기 때문에 우선은 교토 의정서의 효력을 연장하기로 한 거예요.

그러나 미국은 여전히 발을 빼고 있었고 일본, 러시아, 캐나다까지 참여하지 않아 정작 이산화탄소 배출 감축에 책임이 있는 국가는 빠진 채로 합의가 이루어졌어요. 게다가 이 합의는 합의 당사국 중 144개국이 비준을 해야 실제 효력이 발휘되는데, 2018년까지도 아직 그 숫자에 도달하지 못했어요. 그러다 보니 결국 의미 없는 문서로만 남아 있는 상태죠.

파리 협정 2015년 파리 협정을 축하하며, 핵심 내용 중 하나인 지구 상승 온도 '1.5도'를 표시한 에펠탑

 그러나 기후변화의 위험이 극심하게 커지고 있다는 현실은 상식을 갖고 있는 세계 시민들이라면 누구나 잘 알고 있어요. 따라서 어떻게 해서든 이 문제를 해결하기 위해 사람들은 머리를 맞대고 손을 잡았어요. 2020년 이후 교토 의정서를 이어 갈 전 세계의 합의는 이전과는 달리 꼭 실효성 있는 합의가 되어야 한다고 생각했어요. 그렇게 해서 드디어 2015년 12월 12일, 전 세계 196개국 대표가 파리에 모여서 2020년 이후의 기후 체제를 이

지구를 위한 시간, 어스아워

어스아워(Earth Hour)는 3월 마지막 주 토요일 저녁 8시 30분부터 9시 30분까지 한 시간 동안 전 세계가 함께 전등을 끄는 글로벌 캠페인이자 축제입니다. 환경 단체 세계자연기금이 주축이 되어 2007년 호주 시드니에서 시작한 이 캠페인은 2008년에는 35개국 5000만 명 이상이 참여했으며, 2010년에는 128개국 4616개 도시, 2011년에는 135개국 5251개 도시, 2012년에는 152개국 6895개 도시가 참여하여 단일 환경 운동 캠페인으로는 최대인 글로벌 캠페인으로 자리 잡았습니다.

우리나라도 2009년부터 어스아워가 조직되어 참여하기 시작하였으며, 2012년에는 전국의 모든 시·도, 중앙부처 및 7만여 공공기관 그리고 서울N타워, 63빌딩, 코엑스, 부산타워 등 전국의 랜드마크 333곳도 참여했습니다.

2012년에는 서울에서만 이 캠페인으로 전기를 1만 5336메가와트를 절감하여 약 23억 원의 절감 효과를 거두었습니다. 어스아워는 단 한 시간 전등을 끄는 작은 행동 하나라도 많은 사람이 함께 한다면 지구와 우리 주변에 커다란 변화와 긍정적인 효과를 가져올 수 있다는 사실을 잘 보여 줍니다.

지구의 시간 캠페인에 참가한 캐나다 시민들

끌어갈 파리 협정을 체결했어요. 당시 이를 주도한 반기문 유엔 사무총장은 이 성과를 가리켜 "인류와 지구를 위한 기념비적 승리"라고 감격스럽게 이야기했어요.

파리 협정에는 무엇보다 지구의 평균 온도 상승폭을 2도보다 훨씬 아래로 유지하겠다는 명확한 목표를 규정했어요. 그런데 섬 국가들에게는, 당장의 해수면 상승으로 국토를 잃을 수도 있는 다급한 문제이기 때문에 이런 약속만으로는 부족했어요. 그래서 이들의 의견을 반영하여 1.5도까지 제한하도록 '노력'하겠다는 규정도 협정에 담겼어요.

주요 선진국들이 발을 뺀 교토 의정서에 비해 파리 협정은 기후변화 문제 해결을 위해 전 세계 거의 모든 국가가 처음으로 협력하기로 한 매우 의미 있는 합의예요. 이 협약이 효력을 발휘하려면 최소한 55개국이 비준해야 하고 비준한 국가들이 배출하는 온실가스 양이 전 세계 배출량의 55% 이상이 돼야 했어요. 그래서 실제로 이 파리 협정이 효력을 발휘하려면 어느 정도 시간이 걸릴 것이라고 많은 사람들이 예상했는데, 이 예상을 깨고 1년도 안 된 바로 그다음 해인 2016년 11월부터 효력을 발휘하게 됐어요. 이는 현재의 기후변화 문제의 심각성에 대한 국제 사회와 세계 시민들의 염려가 반영된 결과일 거예요. 이에 대해 당시 반기문 유엔 사무총장은 "지금 당장 행동이 필요하다는 위급성을 보여 주는 증거"이며 "기후변화 문제를 해결하려면 전 세계 국가들의 적극적인 협력이 반드시 필요하다는 전 세계 정부들의 합의를 보여 준다"라고 평가했어요. 한마디로 우리 모두가 한마음으로 기후변화를 크게 걱정하고 있다는 이야기지요.

바다를 지키자

전 세계 바다를 오염시키는 물질의 약 80%는 육지에서 흘러든 것이라고 해요. 육지의 오염 물질 대부분은 물론 우리 인간이 만든 것이죠. 각종 생활 하수, 공업 폐수, 중금속 등이 끊임없이 밀려드는 바다는 매우 심각한 몸살을 겪고 있어요.

앞에서 석유가 유출되어 해양 생태계가 심각하게 파괴된 사례들을 살펴보았지요? 그런데 기름이 바다에 흘러드는 사고는 비단 대형 사고만이 아니라 평소에도 자주 일어나요. 국제 사회는 이런 오염 행위를 그대로 두어서는 안 된다는 데 뜻을 모았어요. 1973년에 이를 규제하기 위해 선박에 의한 해양 오염 방지를 위한 국제 협약을 체결했어요. 이를 통해 선박에서 바다로 기름을 함부로 배출하지 못하도록 법으로 확실히 금지했고, 기름 유출 사고가 나지 않도록 특정한 안전 장치와 정기적인 검사를 받게 해서 체계적인 예방과 감시를 구체화했어요.

해안을 뒤덮은 기름 2007년 선박 충돌 사고로 유출된 원유가 우리나라 태안 앞바다를 뒤덮은 모습

바다 생물을 무분별하게 남획하는 것도 바다 생태계를 파괴하는 행위예요. 인간은 전 세계 바다를 넘나들면서 거대하고 촘촘한 그물로 물고기를 마구잡이로 잡고 있어요. 그 결과 고래, 상어, 청어, 다랑어, 대구를 비롯한 수많은 물고기 종이 급격하게 줄었어요. 최근 유엔식량농업기구(FAO)는 지구상에 존재하는 수산 자원 중 31%가 남획되고 있으며, 이들 종이 곧 사라질 위험이 있다고 경고했어요. 또 지중해, 흑해, 태평양 남동부에 살고 있는 종들의 3분의 2가 남획되고 있다고도 해요. 그런데 더 심각한 것은 이렇게 무분별하게 잡은 물고기 중 35%가 그대로 버려지고 있다는 사실이에요. 참 기가 막힌 일이죠?

국제 사회는 10여 년의 논의 끝에 1982년 해양법에 관한 국제 연합 협약을 체결하고 국제 해양법으로 삼고 있어요. 해양 자원

해양 자원 보전을 위한 노력 해양 오염과 해양 생태계 파괴는 더 이상 미룰 수 없는 우리 모두의 해결 과제이다.

을 개발·이용·조사하려는 나라의 권리와 책임, 바다 생태계 보전, 해양 관련 기술 개발, 해양 분쟁 조정 절차 등을 폭넓게 규정한 협약이에요. 이 협약에 따르면 각 나라는 자기 바다 영토 환경을 보전하고 해양 생물을 남획하지 않도록 노력해야 해요.

하지만 남획의 기준은 각 나라에서 정하도록 되어 있고, 대륙붕 등 연안 지역을 탐사하고 개발할 권한도 각 나라 재량에 맡기고 있어요. 그러니까 현재의 국제 해양법은 자기 나라 바다 영토를 배타적으로 개발할 수 있는 권리를 중점적으로 다루고 있어요.

이렇게 바다는 특성상 어떤 나라의 영토로 규정되지 않는 곳이 많고, 해양 환경을 보전하는 일에 국제 사회가 제대로 대응해 오지 못한 측면도 있어요. 하지만 최근 유엔은 열일곱 가지 지속 가능 발전 목표 중 열네 번째 목표로 바다와 해양 자원의 지속 가능한 보전을 위해 노력한다는 목표를 세웠어요. 세부 내용은 다음과 같아요.

> 목표 14. 지속 가능한 발전을 위한 대양, 바다, 해양 자원을 보전하고 지속 가능하게 사용한다.
>
> 세부목표 ① 2025년까지 모든 종류의 해양 오염, 특히 해양 부스러기 및 영양 오염을 포함한 육상 활동에서 발생하는 해양 오염을 방지하고 크게 줄인다.
> 세부목표 ② 2020년까지 해양 및 연안 생태계를 지속 가능하게 관리·보호하여 부작용을 막고, 건강하고 생산적인 바다를 만들기 위해 복원 조치를 취한다.
> 세부목표 ③ 모든 수준에서 과학 협력을 강화하여 해양 산성화의 영향을 다루고 최소화한다.
> 세부목표 ④ 2020년까지 최소한 지속 가능한 생산량을 창출할 수 있는 수준으로 어류 자원을 복원하기 위해 파괴적인 어업 관행을 효과적으로 규제하고 관리한다.
> 세부목표 ⑤ 2020년까지 해안 및 해양 지역의 최소 10%를 보전한다.
> 세부목표 ⑥ 과잉 생산 및 남획을 하는 어업에 대한 보조금을 금지한다.
> 세부목표 ⑦ 2030년까지 소규모 섬 개발도상국과 최빈국이 해양 자원의 지속 가능한 이용으로부터 얻는 경제적 이익을 증대시킨다.

그리고 지난 2017년에는 이 목표를 달성할 방안을 논의하기 위해 유엔 고위급 해양 회의를 유엔 본부에서 열었어요. 열일곱 가지 지속 가능 발전 목표가 설정된 후 이 목표들 중 단 하나만을 의제로 삼아서 전 세계가 한자리에 모인 것은 처음이었다고 해요. 유엔 회원국 193개국의 국가 원수나 장관급 관료가 참여했을 뿐만 아니라 국제기구와 비정부기구 관계자도 참여했어요. 이 자리에서 해양 오염 문제, 해양 생태계 관리 및 해양 산성화 문제, 지속 가능한 수산업 실현 및 개발도상국 지원 등 다양한 주제를 함께 논의했어요. 마지막으로는 만장일치로 지속 가능 발전 목표 14의 이행을 촉구하는 행동 촉구 선언문을 만들어 발표하기도 했어요.

이렇게 세계는 해양 오염과 해양 생태계 파괴 문제를 해결하려고 차근차근 노력하고 있어요. 우리도 함께 힘찬 응원을 보내 주기로 해요.

생물다양성을 지키자

멸종 위기에 처한 야생 동식물의 국제 거래에 관한 협약

국제 사회는 멸종 위기에 처한 야생 동식물의 국제 거래에 관한 협약을 맺으며 생물다양성을 보전하기 위한 역사적 첫걸음을 뗐어요. 이름이 길어서 '사이츠(CITES)'라고 줄여서 부르기도 하죠. 이 협약은 세계자연보전연맹에서 1963년에 초안을 마련했고 1975년부터

생물다양성 보전을 위한 첫걸음 사이츠를 홍보하는 멸종 위기 생물들의 사진

효력을 발휘하고 있어요. 우리나라는 1993년에 가입했어요. 사이츠는 이름 그대로 멸종 위기에 빠진 야생 동식물을 교역하거나 거래하지 못하도록 일정하게 제한하는 협약이에요.

'히포'를 소개하면서 살펴봤듯이 사람들은 동식물을 팔아 이윤을 남기려고 필요 이상으로 사냥하고 포획해요. 이렇게 남획된 동식물은 자기 나라뿐 아니라 해외로 수출되어 국제 시장에서 거래되지요. 판매할 시장이 충분히 크고 넓으니 닥치는 대로 동식물을 잡아들이는 거예요. 그 탐욕 탓에 많은 생물종이 멸종 위기에 빠졌지요.

사이츠는 동물 5800여 종과 식물 3만 종을 멸종 위기 종 목록에 올리고, 이를 다시 세 단계로 나누어 관리하고 있어요. 1단계는 당장 무역을 멈추지 않으면 멸종될 위기에 처한 동식물이에요. 호랑이, 사자, 팬더, 표범, 재규어, 고릴라, 침팬지, 코뿔소 등 1000여 종이 여기 해당돼요. 1단계 동식물은 상업적 교역과 거래가 전면 금지돼요. 2단계는 보호하지 않으면 멸종할 위험이 큰 독수리, 백상아리, 아메리카흑곰 등 동식물 3만 4000여 종이에요. 2단계 동식물은 그 종의 생존에 영향이 없다는 점이 확인된 경우에만 허가를 받고 상업적 교역이 가능해요. 3단계는 당장 멸종 위기에 처해 있지는 않아도 그 종의 보호를 위해 국제적인 협력이 필요하다고 판단한 해당국이 신청하면 지정돼요. 코스타리카의 두발가락나무늘보, 미국의 악어거북, 콜롬비아의 민물가오리 등 약 170종이 3단계 목록에 올라 있답니다.

이동성 야생 동물종의 보전에 관한 협약

사이츠와 함께 가장 오래되고 대표적인 야생 동물 보호 국제 협약으로 이동성 야생 동물종의 보전에 관한 협약(CMS)이 있어요. 이 협약은 야생 동물 중 특히 국경을 넘어 이동하는 야생 동물들을 보호하기 위한 국제 협약이에요. 야생 동물 중에는 계절을 따라 이동하는 철새와 해류를 따라 여행하는 물고기가 아주 많아요. 아주 먼 거리를 이동하지 않더라도 먹이와 쉴 곳을 찾아 끊임없이 이동하는 동물들도 많고요. 이 야생 동물들에게는 당연하게도 인간이 만든 국경선은 아무 의미가 없어요. 따라서 이동성 야생 동물을 제대로 보호하려면 반드시 국제 사회가 협력해야만 해요. 이 협약은 1974년 독일 본에서 체결되어 1983년에 발효되었어요. 우리나라는 아직 가입하지는 않았지만 긍정적으로 협력하고 있어요. 밍크고래, 듀공, 과일박쥐, 청둥오리, 제비갈매기, 알바트로스, 철갑상어, 자이언트메기 등 650여 종을 보호 목록에 올려놓았어요.

물새의 서식지로서 국제적으로 중요한 습지에 관한 협약

1971년 이란의 람사르에서 체결된 물새의 서식지로서 국제적으로 중요한 습지에 관한 협약도 생물다양성을 보전하는 데 아주 중요한 국제 협약이에요. 줄여서 보통 '람사르 협약'이라고 해요. 습지란 자연적이건 인공적이건, 영구적이건 임시적이건, 물이 고여 있건 흐르고 있건, 담수이건 염수이건 상관없이 소택지, 습원, 이탄지 또는 물로 된 지역을 가리켜요. 썰물 때 수심이 6미터를 넘지 않는 해역을 포함해 갯벌, 호수, 하천, 양식장, 해안은 물론 인공으로 만든 논도 습지에 포함되지요.

습지는 주변보다 지대가 낮아 주위의 다양한 물질이 모이는 종착지 같은 역할을 해요. 생물이 죽은 뒤 분해된 유기물도, 무

람사르 습지 우리나라 람사르 습지 중 하나인 순천만

생물이 부서진 모래와 진흙도 습지에 흘러들어 쌓이고 뒤섞이지요. 이 물질들은 물풀이 자라는 데 필요한 양분이 되기도 하고, 플랑크톤과 미생물의 먹잇감이 되기도 해요. 플랑크톤과 미생물은 다시 물고기와 어패류, 물에 사는 곤충에게 좋은 먹이가 되고요. 또 곤충, 어패류, 작은 물고기가 풍부한 곳에는 조류, 양서류, 포유류가 모여들지요. 그래서 습지는 먹이사슬이 매우 풍부하게

조성되어 이루 말할 수 없이 큰 생태학적 가치를 갖고 있어요.

　이 밖에도 습지는 많은 양의 물을 한꺼번에 저장했다가 조금씩 흘려보내는 훌륭한 자연 댐 역할도 해요. 이 과정에서 오염 물질을 정화하여 깨끗한 물로 만드는 역할까지 맡고 있어요. 그래서 습지를 '자연의 콩팥'이라고도 부르지요.

　이처럼 습지는 그 가치를 헤아릴 수 없을 만큼 중요해요. 생물다양성을 보전하려면 반드시 습지를 지켜야겠죠. 람사르 협약은 습지를 보전하기 위한 국제 사회의 노력 방안을 담고 있어요. 람사르 협약에 가입하면 반드시 자기 나라에서 한 개 이상의 습지를 '람사르 습지'로 지정해서 보호해야 해요. 2018년 기준으로 현재 169개국이 이 협약에 가입해 있고, 전 세계적으로 2200곳이 넘는 람사르 습지가 등록되어 있지요. 우리나라는 1997년에 가입하여 현재 23곳을 람사르 습지로 지정해 보호하고 있어요.

생물다양성 협약

　마지막으로 생물다양성 협약(CBD)을 소개할게요. 앞서 살펴본 국제 협약들은 특정 종과 장소를 보호하는 것이 목적이지만, 생물다양성 협약은 생물다양성 전체를 다루는 중요한 국제 협약이에요. 그래서 기후변화 협약, 사막화 방지 협약과 함께 유엔의 3대 환경 협약으로 꼽혀요. 지구 환경 문제 해결을 위한 세계 협력의 기초를 본격적으로 놓았던 1992년의 지구 회담, 곧 유엔 환

생물다양성 협약 생물다양성 협약 홍보 포스터는 작은 개미부터 키 큰 나무까지 우리 모두가 연결되어 있다고 말한다

경 개발 회의(UNCED)에서 채택됐지요. 우리나라는 1994년에 가입했고, 2018년 기준으로 196개국이 가입한 상태예요.

생물다양성 협약의 목표는 세 가지예요. 지구의 생물다양성을 보전하고, 생물 자원을 지속 가능하게 잘 이용하고, 유전자원과 그 전통 지식에서 파생되는 다양한 혜택과 이익을 공평하게 나누자는 것이지요.

첫째와 둘째 목표는 당연하고 낯익은 내용이지요? 셋째 목표는 그보다는 낯설고 어렵지만 꼭 짚고 넘어가야 할 내용이에요. 유전자원이란 생물종이 가진 고유한 유전자 정보로부터 얻는 지적, 물적 자원을 뜻해요. 인류는 동식물의 유전자를 개량해서 식량 문제를 해결해 왔어요. 또 식물과 동물의 유전자에서 특별한 정보를 빼내 병을 고치는 약품을 만들기도 했고요. 이처럼 유전자원은 인류 사회의 여러 방면에서 굉장히 중요한 역할을 하고 있어요.

19세기까지만 해도 유전자원은 인류 공동의 유산으로 여겨졌어요. 누구든 자유롭게 접근하고 이용할 수 있었죠. 그런데 유전자원에서 커다란 부가가치가 발생한 20세기 중후반부터 개인, 기업, 국가가 소유하는 대상으로 인식되기 시작했지요. 예를 들어 세계 씨앗 시장 규모는 60조 원이나 돼요. 요즘 개량된 파프리카의 종자 1그램 값이 10만 원이 넘어요. 금 시세가 1그램당 보통 4만 원 정도 하니 파프리카 종자 값이 금보다도 세 배 정도 더 비싼 상황이에요.

그리고 현재 우리가 사용하는 약품의 40%가 생물에서 유래한 것이에요. 사람의 발길이 잘 닿지 않은 열대지방 같은 곳에서 발견한 새로운 식물이나 기존 식물에서 새로운 유전적 기능을 발견하는 과정을 거쳐 다양한 신약도 개발되고 있고요. 전 세계 의약품 시장 규모는 1000조 원이 넘는다고 하니 신약을 만들기 위한 유전자원의 발견과 개발은 앞으로 더욱 중요해질 수밖에 없어요.

유전자원의 경제적 가치가 커진 만큼 여기서 발생하는 이익을 공평하게 나누는 일은 더욱 중요해졌어요. 이것이 왜 중요한지 실제 있었던 이야기를 한 가지 들려줄게요.

우리가 사용하는 물건 중 고무가 들어가는 것이 굉장히 많죠? 이 고무를 만드는 고무나무가 처음 발견된 곳은 브라질의 아마존강을 끼고 있는 마나우스라는 도시예요. 이곳에서만 자라는 헤베아 브라질리엔시스란 나무에서 천연고무를 얻을 수

고무 채취 말레이시아에서 헤베아 브라질리엔시스를 심어 천연 고무를 대량으로 수확하는 모습

있었어요.

마나우스에는 규모가 크고 화려한 오페라 공연장이 있어요. 이 공연장이 만들어질 무렵 세계에서 다이아몬드를 가장 많이 산 사람들이 바로 마나우스 사람들이었죠. 그만큼 마나우스는 엄청난 경제적 풍요를 누렸어요. 모두 천연고무 덕분이었죠.

그런데 마나우스의 풍요는 얼마 가지 못했어요. 어느 영국인이 이 고무나무 씨앗을 빼돌린 거예요. 그리고 동남아시아의 열대 지역에 이 씨앗을 심어서 고무를 대량으로 수확하기 시작했어요. 자연스럽게 고무 값은 폭락하기 시작했고, 고무의 주요 생산지는 브라질이 아닌 동남아시아로 넘어가 버렸어요. 이제 마나우스 사람들은 고무 생산만으로는 제대로 생계를 유지할 수가 없는 상황까지 되어 버렸죠.

만약 우리가 마나우스에 사는 사람이었다면 참 억울하지 않을까요? 이와 비슷하게, 선진국들은 효능이 있거나 경제적 잠재력이 뛰어난 유전자원을 다른 나라에서 찾아서 신약이나 여러 가지 신소재를 만드는 데 이용하고 그 경제적 혜택을 모두 독차지하는 경우가 많아요. 유전자원을 잘 찾고 가공할 수 있는 기술력 또한 선진국이 갖고 있는 경우가 많지요.

문제는 유전자원이 풍부하게 존재하는 곳은 적도 쪽 열대우림 같은 생물다양성이 풍부한 지역인 경우가 많은데, 이런 곳은 대부분 아직 경제적으로 풍요롭지 못한 개발도상국이라는 점이에요. 그리고 이런 개발도상국들은 경제를 발전시키기 위해 그들이 갖고 있는 풍부한 자원을 열심히 채취해서 이용하고자 해요. 그래서 당장 눈에 보이는 나무를 벌목하거나 지하자원을 채취하는 경우도 많아요. 그 과정에서 가능성이 무궁무진한 희귀 생물자원들을 무심코 파괴하는 경우도 많지요.

그래서 생물다양성을 걱정하는 사람들은 특히 이러한 국가들에게 파괴 행위를 자제해 달라고 소리 높여 이야기해요. 그러나 과연 그것이 그들에게 얼마나 설득력이 있을까요? 개발도상국은 당장 먹고사는 일이 급한 상황이기 때문에 보유한 자원을 최대한 이용해 경제를 부흥시키려 하는 것이 당연해요. 그런데 좋은 유전자원이 있다고 해도 그것을 제대로 이용할 수 있는 기술력이 부족해, 이를 빼내 간 선진국이 커다란 이익을 보는 경우가 많아요.

그래서 세계는 생물다양성 협약에서 특히 유전자원에서 얻는 이익을 공정하게 배분하는 것을 중요한 목적으로 정했어요. 유전자원을 가공하고 상품을 만들어 이익을 낸 국가뿐만 아니라, 유전자원이 처음 기원하여 제공한 국가에게도 이익을 공평하게 배분하는 것이지요. 그렇게 되면 자원을 제공한 개발도상국에서도 풍부한 생물다양성을 보호할 이유가 생기겠죠? 생물다양성이 풍부한 열대우림에는 계산하기조차 힘든 막대한 경제적 가치가 잠재되어 있어요. 따라서 유전자원을 보호해 발생하는 이익이 벌목이나 자원 채취로 얻는 이익보다 훨씬 커질 수 있어요.

생물다양성 협약으로 소중한 기본 원칙과 목표는 정했지만, 아쉽게도 한동안 구체적인 실행 계획이 마련되지 못했어요. 그러다 2010년 일본 나고야에서 열린 생물다양성 협약 10차 당사국 총회에서 나고야 의정서를 채택했어요. 나고야 의정서는 한 나라가 다른 나라의 생물 자원(유전자원)을 이용할 때는 자원을 제공한 나라로부터 사전에 승인을 받아야 하고 이익을 공유해

아이치 생물다양성 목표 아이치 생물다양성 목표의 스무 가지 세부 목표를 나타낸 아이콘. 생물다양성의 가치를 국가, 지역 개발에 포함시킨다(2), 숲과 자연 서식지의 손실 비율을 줄인다(5), 외래종의 유입과 정착을 막는다(9), 멸종위기 종을 보호한다(12) 등의 내용을 담고 있다

야 한다고 규정했어요. 이로써 유전자원에서 생긴 이익을 공평하게 분배하는 구체적이고 강제적인 이행 방안이 마련되었어요. 또 이 총회에서는 아이치 생물다양성 목표도 함께 채택했어요. 2011년부터 2020년까지 10년 동안 생물다양성 손실 문제를 해결하기 위해 국제 사회가 함께 협력해서 달려갈 수 있는 체계적인 목표를 담았지요.

아이치 생물다양성 목표는 크게 다섯 가지 전략적 목표와 그에 따른 스무 가지 세부 목표를 세우고 있어요. 실제 어떤 일을 달성하고자 할 때 일정한 기한을 갖고 단계별 세부 목표가 있으면 그 실현이 좀 더 수월하고 가능성도 높아지겠죠? 어떤 내용인지 자세히 살펴볼까요?

> **아이치 생물다양성 목표**
>
> 전략 목표A: 정부 및 사회 전반에 생물다양성 논의를 주류화해서 생물 다양성 손실의 주요 원인들을 다룬다.(세부 목표 1~4)
>
> 전략 목표B: 생물다양성에 대한 직접적 손실 압력을 줄이고, 지속 가능한 이용을 촉진한다.(세부 목표 5~10)
>
> 전략 목표C: 생태계, 종, 유전자원 다양성을 보호해 생물다양성 상태를 증진한다.(세부 목표 11~13)
>
> 전략 목표D: 생물다양성 및 생태계 서비스로부터 오는 혜택을 증진한다.(세부 목표 14~16)
>
> 전략 목표E: 참여형 계획, 지식 관리, 역량 강화를 통해 실행 조치를 강화한다.(세부 목표 17~20)

유엔은 아이치 생물다양성 목표를 지원하기 위해 2011년부터 2020년까지를 유엔 생물다양성 10년으로 정했어요. 이 10년 동안 전 세계 사람들의 관심과 노력이 집중될 수 있도록 유엔 차원에서도 힘을 보태는 것이지요. 사실 국제 사회가 이 목표를 이루려면 넘어야 할 장벽이 아주 많아요. 생물다양성을 보전하겠다고 자기 나라 이익을 희생할 나라가 몇이나 될까요? 나고야 의정서만 해도 유전자원 기술을 독점해서 이윤을 가져가려는 선진국들은 가입을 꺼리는 실정이에요. 하지만 생물다양성은 당장 지구 자연과 인류의 생존이 걸린 중요한 문제예요. 국제 사회가 조금씩 양보하고 지혜를 모아 지금부터 당장 해결해 가야 해요.

전 유엔환경계획 아시아태평양지역사무소 소장
박영우

유엔환경계획 아시아태평양지역사무소 소장 재임 시절 박영우 선생님

❖ 환경 문제에는 어떤 것들이 있나요? 가장 심각한 문제는 무엇인가요?

환경 문제는 오염 물질이 공간적으로 미치는 영향에 따라 크게 둘로 나눌 수 있습니다. 한 나라에서 배출된 오염 물질이 해당 나라에만 영향을 미치면 개별 국가의 환경 문제로, 그 나라에 그치지 않고 전 세계적으로 영향을 미치면 글로벌 환경 문제로 분류합니다. 개별 국가의 환경 문제로는 대기 오염, 강과 하천 오염, 토양 오염, 고체 폐기물 문제 등이 있습니다. 글로벌 환경 문제에는 기후변화, 생물다양성 상실, 멸종 위기 동식물, 오존층 파괴, 유해 화학 물질 배출, 유해 폐기물의 국가 간 이동, 플라스틱 쓰레기 오염, 그중에서도 특히 해양 오염이 문제가 되고 있습니다.

인류가 당면한 가장 심각한 환경 문제는 기후변화라고 생각합니다. 기후변화는 생물다양성 문제와 멸종 위기 생물, 오존층 파괴에 직접적으로 영향을 미치기 때문입니다.

✿ 환경 오염의 주요 원인은 무엇인가요?

환경 오염의 주요 원인은 인간의 생산과 소비 활동이라고 생각합니다. 인간들은 필요한 물건을 생산하고 소비하면서 환경을 오염시키고 있습니다. 예를 들면 자동차, 가전제품(에어컨, 텔레비전, 냉장고 등), 생활용품, 다양한 물건들을 생산하기 위해 전기와 화학 물질을 사용합니다. 또 전기를 생산하기 위해 화석 연료(석유, 천연가스, 석탄)를 사용하는데, 화석 연료는 사람의 건강을 해치는 미세먼지, 지구 온난화의 원인 중 하나인 이산화탄소, 인체에 유해한 황산, 질산 같은 오염 물질을 만들어 냅니다. 이런 오염 물질은 강과 하천, 지하수, 토양을 오염시키고 있습니다. 인간이 소비하고 버리는 플라스틱, 비닐, 유리병, 휴대폰을 포함한 전자제품, 음식물 쓰레기도 환경을 심각하게 오염시키고 있습니다. 간단히 말해서 환경 오염의 주범은 바로 우리 인간입니다.

우리가 소비하고 버리는 일회용 플라스틱은 해양 오염의 주범이다

✦ 국제 환경 협약은 왜 필요한지 궁금합니다.

국내에서 환경 문제를 해결하는 과정을 먼저 살펴볼까요? 우선 환경부가 중심이 되어 정책을 만들고, 정책 이행에 필요한 법과 규제를 만듭니다. 또 법에 근거해서 효율적이고 효과적으로 정책을 이행할 수 있는 체제와 수단들을 구축합니다. 그리고 이런 것들을 이행할 능력이 없는 집단을 위해 지원 방안을 만듭니다. 세계에서 국제 환경 협약은 바로 이런 환경부와 같은 역할을 합니다.

온실가스 같은 오염 물질을 배출한 것은 물론 개별 국가입니다. 하지만 그 영향이 전 세계에 미쳤고, 이렇게 전 지구적인 환경 문제를 해결하기 위해 유엔 회원국들이 모여 머리를 맞댔습니다. 그런 과정에서 합의하여 만든 것이 국제 환경 협약입니다. 그러니까 국제 환경 협약은 지구를 오염시키는 문제를 함께 해결해 나가기 위한 국제 사회의 약속입니다.

대표적인 환경 협약으로 온실가스 배출 감소 및 적응을 목적으로 하는 기후변화 당사국 총회, 오존층 파괴를 막고 복원하기 위한 몬트리올 의정서, 유해 폐기물의 국가 간 이동을 규제하는 바젤 협약, 생물다양성 보전 및 회복을 위한 생물다양성 협약, 유해 화학 물질 규제를 위한 로테르담 협약 등이 있습니다. 1857년부터 지금까지 700개가 넘는 국제 환경 협약이 만들어졌습니다.

✿ 그렇다면 국제 환경 협약은 환경 문제를 어떻게 해결하고 있나요?

국제 환경 협약은 환경 문제 해결을 위해 협약 당사국들이 이행해야 할 정책, 달성 목표, 제재 방안, 개도국 지원 방안 등을 담고 있습니다. 모든 당사국이 협상을 거쳐 합의한 국제 협약은 정해진 숫자 이상의 국가가 비준하면 효력을 발생하게 됩니다. 각 나라에서는 국제 협약 비준을 위해 의회의 승인을 받는 절차를 거칩니다.

특히 국제 사회가 합의한 해결 방안을 개발도상국들도 함께 이행할 수 있도록, 유엔환경계획, 유엔개발계획, 식량농업기구 등의 유엔 기구, 세계은행, 아시아개발은행, 아프리카개발은행 같은 지역 개발은행이 협력하여 각종 지원 프로그램과 기금을 만들고 있습니다. 대표적인 기금으로는 지구환경기금(GEF), 몬트

베트남 맹그로브 숲 복원 사업에 참가한 유넵 한국위원회

리올 의정서 이행을 위한 다자 기금, 녹색기후기금(GCF) 등이 있습니다. 많은 개발도상국은 국제 사회의 합의 사항을 이행할 수 있는 자금과 기술, 전문 인력이 부족한 경우가 많아서 선진국의 지원이나 기금은 큰 도움이 됩니다. 우리나라도 한국국제협력단(KOICA), 경제개발협력기금(EDCF), 환경부 산하기관인 한국환경공단 등을 통하여 개발도상국의 환경 보전 사업을 지원하고 있습니다.

✡ 유엔환경계획은 어떤 목적으로 설립되었으며, 현재 어떻게 조직되어 있나요?

유넵는 1972년 채택된 인간 환경 선언과 각종 환경 프로그램을 실행, 조정하기 위해 설립되었습니다. 58개국 대표로 이루어진 집행위원회가 조직되었고, 유넵

UNEP Korea

세계 환경의 날 기념으로 바다 숲 가꾸기 캠페인에 나선 유넵 한국위원회

은 이 집행위원회를 중심으로 유엔 내의 국제 정부 간 기구로 활동하게 되었습니다. 주된 역할은 지구 환경을 감시하고, 각 나라 정부와 국제 사회의 환경 정책을 합의하고 조정하는 것입니다.

유넵은 케냐 나이로비에 본부가 있으며, 라틴아메리카, 서아시아, 아시아와 태평양, 유럽, 북미 지역에 조직을 두고 있습니다. 또 모든 회원국 정부는 자기 나라에 국가위원회 설립을 촉진할 의무가 있으며, 국가위원회는 유넵 본부의 환경 정책이 각 나라에서 시행되도록 하고 각종 프로그램을 수행해야 합니다. 현재 33개국에 국가위원회가 설치되어 있으며 우리나라에도 한국위원회가 있습니다. 유넵 한국위원회는 우리나라 기업과 시민들이 국제 환경 기준을 이행하도록 촉구하고, 국내 환경 정책과 제도를 평가합니다. 또 다양한 교육 프로그램을 제공하여 지구 환경에 대한 사람들의 이해와 참여를 이끌고 있습니다.

✪ 환경 보전과 복원을 위해 어떤 노력을 기울여야 할까요?

환경 문제는 더 이상 개별 국가들만의 문제가 아니라 지구촌 전체의 문제가 되어 버렸습니다. 환경 보전과 복원, 환경적으로 지속 가능한 발전을 달성하기 위해서는 사회를 구성하고 있는 개인들이 생활 방식이나 사고 방식을 바꿔야 합니다. 변화를 만드는 것은 사람들이기 때문입니다. 또 대부분의 환경 문제가 인간의 필요를 충족시키기 위한 산업화, 도시화, 개발, 소비 활동에서 발생되었기 때문입니다.

UNEP Korea

남극 생태계 모니터링 활동을 지원하고 있는 유넵 한국위원회 기업은 제품의 개발과 디자인 단계부터 환경 문제를 의식해야 합니다. 친환경 에너지 자원을 포함해 자원 사용을 최소화하고, 인간과 자연에 해로운 물질을 쓰지 않아야 합니다. 그리고 쉽게 재사용, 재활용할 수 있는 제품을 개발하고 생산해야 합니다.

소비자는 환경 친화적 제품을 구매하고, 과도한 소비를 줄이고, 제품의 재사용과 재활용을 실천해야 합니다. 그리고 정부는 사회 구성원들이 각자의 분야와 일상 속에서 환경 친화적이면서 지속 가능한 발전에 기여할 수 있는 정책, 법, 제도 등을 만들고 지원해야 합니다.

또 개발도상국이 지속 가능한 발전을 실천할 수 있도록 더욱 적극적으로 지원해야 합니다. 실질적이고 구체적인 변화를 위해서는 기존 지원 프로그램들에 대한 개선도 필요합니다. 개발도상국은 빈곤 퇴치를 위해 경제 성장을 최우선 목표로 세우고 있습니다. 그러나 이들이 과거 선진국들의 경제 성장 모델을 답습한다면, 지구촌 환경 문제는 더욱 악화될 것입니다. 우리나라를 포함한 선진국들이 함께 관심을 기울이고 노력해야만 지구 환경을 살릴 수 있습니다.

인터뷰 2018년 11월 12일

유엔환경계획 한국위원회 홈페이지 www.unep.or.kr